はじめに

　『資本論』のなかには、経済学者のマルクスと社会主義者のマルクスの2人が存在していたといわれている。2人のマルクスにいたる以前の若き日のマルクスは『資本論』の礎石となった唯物史観をつくりあげた。マルクスの唯一の心友・エンゲルスによれば、1845年の春にブリュッセルでマルクスと再会したときにはすでに唯物史観の根幹を充分に展開していたという。

　唯物史観がこの世に生まれていなかった若き日のマルクスは、ブルーノ・バウアーと共にヘーゲル哲学に影響を受けていた。友人のカール・フリードリヒ・ケッペンと共にベルリンの青年ヘーゲル派に加わり、1838年から3年間、ドクトルクラブに入りこのクラブの精神的生活がヘーゲル哲学の秘密をマルクスに開いて見せたのであった。ドイツ古典哲学、つまりフォイエルバッハの唯物論哲学を批判した「フォイエルバッハに関するテーゼ」（1845年）でその秘密を見ることができる。第11のテーゼでは「哲学者たちは世界をたださまざまに解釈してきただけである。肝腎なのは、それを変えることである」という一説が秘密を解き明かしているのであった。この第11テーゼは、ロンドンのハイゲート墓地にあるマルクスの墓碑銘に刻まれているほど名高いものである。このテーゼで必要とされていた世界の変革者は、『資本論』の第2版後記でマルクスの明敏な知性によって表明していた。「資本主義的生産様式の変革と諸階級の最終的廃止とを自分の歴史的使命とする階級──プロレタリアートだけを代表することができるのである」（ロンドン、1873年1月24日）。つまり世界の変革者は、プロレタリアートだけが歴史的使命を負っていたのである。

　それでは、プロレタリアートは世界の変革をどんな方法でおこなうのであろうか。マルクスは第11テーゼで、なぜあらゆる権利を行使して世界変革をし諸階級を最終的に廃止すると明記しなかったのであろうか。この点、マルクスは、おそらくプロレタリアートが変革するための鍵としていたのは階級闘争を考えていたのでなかろうか。そうだとすれば、この階級闘争とは、いうまでもなく生産諸関係を形成していたプロレリアートとブルジョアジーとの階級関係から生ずる闘争のことであり、それは概して、経済闘争、政治闘争、思想闘争の3つの形態のこと

である。たとえばイギリスにおける階級闘争思想の端緒は、プロレタリアートが1832年の選挙法改正法案時代に支配階級との闘争に登場したときに、あたらしい根から芽生えたものだといわれている。

その後における世界変革の第11テーゼは、マルクスが専門としていた法律学をはじめとする哲学や歴史学を基礎に研究したうえで、「ブルジョア社会の解剖は、これを経済学にもとめなければならない」と自ら認め研究を重ねたうえでの著作、『経済学批判』（1859年）序文に論究されている唯物史観を定式したのである。この唯物史観は、第11テーゼをたかだかと発展させた階級闘争による世界変革のための史観となって現われ出し、「人間社会の前史」から「人類本史」への世界変革のための階級闘争の歴史的使命をプロレタリアートに与えることにあった。

唯物史観の定式でマルクスはいう。「社会の物質的生産諸力は、その発展がある段階にたっすると、いままでそれがそのなかで動いてきた既存の生産関係、あるいはその法的表現にすぎない所有関係と矛盾するようになる。これらの諸関係は、生産力の発展形態からその桎梏へと一変する。このとき社会革命の時期がはじまるのである。・・・このような変革の時期を、その時代の意識から判断することはできないのであって、むしろ、この意識を、物質的生活の諸矛盾、社会的生産諸力と社会的生産関係とのあいだの現存する衝突から説明しなければならない」と述べていた。

この定式でいう社会革命への衝突とは、現存する社会的生産諸関係であって、社会的生活諸条件である生産力と生産関係との矛盾から生ずる衝突のことであり、その時代の意識形態からではない。衝突は資本主義的生産諸関係、つまり階級関係から生み出されるものである。唯物史観でのプロレタリアートの歴史的使命は、階級関係から生ずる階級闘争を通じて経済的社会構成たるを基軸とした社会形態を変革することにあった。それゆえ、この定式は、生産力の発展段階と生産関係との弁証法的関係から生ずる矛盾が必然的な衝突となり、これが発展せざるをえない階級闘争を通ずる歴史的な社会形態の変革の論理となっていた。唯物史観の論理は、階級闘争にならざるをえない矛盾の止揚によって解決する条件が、すでにこの矛盾のなかに弁証法的に萌芽していたと考えられる。それは「人間が立ち向かうのはいつも自分が解決できる課題だけである」と『経済学批判』の序文で論じられ、概して自分で解決できる課題とは、人間が立ち向かってゆく社会的条件のことであり、すなわち、生産力と

生産関係との矛盾を階級闘争によって解決すべきことをマルクスは領導しているのである。

世界変革のための唯物史観は、その後の『資本論』の中の2人のマルクスが「導きの糸」として理論体系に指針を与えたのであった。

これに先立ち、マルクスとエンゲルスによる1848年の名著『共産党宣言』は、「これまでのすべての社会の歴史は階級闘争の歴史である」ではじまり「支配階級よ、共産主義革命のまえにおののくがいい。・・・万国のプロレタリア団結せよ！」で結ばれている。プロレタリア、すなわち労働者にむけた壮麗な叙述である。著者たちは、階級闘争の歴史社会のありかたとプロレタリアの団結をもって共産主義革命が世界的な社会現象であることを公然と宣言したのであった。

だが、この階級闘争論には不思議と疑問が浮上する。『資本論』初版が上梓された1867年より前のイギリスでは、機械制大工業のうねりのなかで労働者たちのストライキが激増していたことをマルクスが討究していたからである。ここからは、階級闘争論の法的側面に考察を移すことにする。

イギリスで団結禁止法が廃止されたのが1824年から25年の間であり、労働組合法で労働組合が合法化されたのが1871年、ストライキ権を認めた争議権法が成立されたのが、なんと1906年のことであった。

フランス二月革命の数日前、つまり共産主義者同盟の理論的にして実践的な綱領である『共産党宣言』が公表された1848年には、「万国のプロレタリア団結せよ！」の宣言によるプロレタリアの団結は法認され合法であったが、労働者の組織的活動は非合法であったということになる。そしてまた階級闘争のうちに経済的・政治的闘争にストライキが含まれていたとすれば、『共産党宣言』の「これまでのすべての社会の歴史は階級闘争の歴史である」ことは、著者たちが労働者にストライキという違法行為を容認し、しかも扇動していたことになる。ということは『資本論』の初版でも労働者のストライキは当然に非合法であったのだ。概して、労働者たちは、団結したうえでストライキ権を獲得するための闘争だったのか、否、それとも世界変革のための人類前史から人類本史への階級闘争であったのか。そのために「万国のプロレタリア団結せよ」と共産主義者同盟のプロレタリア国際主義を世界に先駆けて宣言したのであろうか。そしてなぜ、労働者は非合法であるにもかかわらず経済的、及び政治的ストライキという実力行使にまで踏み切ったのか。それとも、

踏み切らざるをえなかったほど窮地に追い込まれていたのか。その合理的ないし客観的理由がどこにあったのだろうか。

こうした合法と非合法という二重基準を規定していた『共産党宣言』と『資本論』の理論体系から導きだされることは、もっぱら、労働条件の引き上げのみならず、労働者の社会的生活の基盤であったはずの基礎的権利である働く権利と生存する権利、そして終の住処まで奪われ続けていたとしか考えられない。労働者が社会的生活を存続する保障のない貧困や労働苦の労働実態をマルクスが『哲学の貧困』で詳論していた。「ブルジョアジーが成長するにつれて、その胎内にあらたなプロレタリアートが近代的プロレタリアートが、成長する。プロレタリア階級とブルジョア階級とのあいだに一つの闘争が発展する。・・・ブルジョアジーがそのなかで行動する生産諸関係は単一の性格、単純な性格をもつものではなくて二重の性格をもつものであるということ、富がそのなかで生産されるその同じ諸関係のなかで、貧困もまた生産されるということ、生産諸力の発展がそのなかに存在するその同じ諸関係のなかに、抑圧の力が存在するということ」を見いだしていた。ここでは、マルクスは労働者の諸権利について触れてはいないが、資本主義的生産関係では、貧困と抑圧の力の二重の性格を有する一方で富が生産される同じ諸関係のなかで、プロレタリアートがブルジョアジーの成長を追う過程でまた発展するにしたがって闘争が生ずることを指摘している。

それはまた、労働者を取り巻く、法的な二重基準規定による団結とストライキによって資本家を威圧し脅かし、生産諸関係の二重の性格である貧困と抑圧の力という、これら幾重にも重層化していた法律的、及び経済的諸条件の制約の狭間にあった労働者は、無条件に生活資料を獲得することができない、総じて貧困を再生産する労働者であることがつぎのような事実にもとづいている。階級闘争すなわち、労働者の団結とストライキという実力行使にいたったのは、二重基準と二重の性格という幾重にも重層化し客観的には、決して回避することができない資本主義的生産関係という階級対立の構図に内包されていて、それは概して、これら二重基準と二重の性格を打破することにあった。そのため二重基準である団結とストライキとを労働者の権利として考察することは、『資本論』の諸権利の理解を深める基調な論点となることである。

かくして、マルクスの階級闘争論とは、プロレタリアである労働者の生

命を維持することに資する二つの方法としての団結とストライキとの闘争手段により結束力を強固にしたうえで、資本主義的生産関係を打破することが、『共産党宣言』の階級闘争論に綴られ、そのことが、世界変革に通ずる唯物史観の定式と歴史的使命とがここにおいて結実しているのである。だからこそ労働者は、資本に対する一つの階級、プロレタリア階級となり、大衆それ自体の階級となり、相互に結合しあい階級対立を自覚した者たちが資本主義に抗い、重層化した矛盾を止揚すべく労働者の全人格的経済的解放のための階級闘争を続けねばならなかったのである。したがって労働者は、資本家に対して二重の意味で自由な人格であるかぎり、自身の労働力を商品として売ることのみ許す。だがしかし、自身の生命まで資本家には決して売らず血液を絶やすことはしない。だからこそ、工場の門に入ることをやめて、労働力の提供を阻止し、労働の支出を停止して、機械を動かさず、団結をしてストライキを強行することを意志統一する。そのうえで、階級闘争を机上の空論とはせずに、賃金が意味する労働力の再生産費、自身の育成費と家族の養成費など、経済原則たる生活資料を獲得するために、つまり彼らの生命活動を維持することが合理的理由なのであった。このように資本主義に内包された働く人々の諸権利からは、一面的に無保護な状態であり、法的にも何ら公認されてはいなかった。それが矛盾となって生産関係のなかに自分が解決する課題が沸き起こっていた。

　さてそこで、矛盾の中の矛盾、すなわち私の問題構制である権利の矛盾がいまだに内面化している。それは、旧労働組合法が規定していた監獄の職員、消防職員、警察官吏の三種職員への労働基本権全面禁止の法源のことである。それが憲法問題としていまだに矛盾が深化して現存しているのである。この矛盾である労働基本権の前には、この権利の代償である勤務条件に関する措置の要求と実践的活動の一端としての出版の自由と人生観としての哲学がある。労働基本権の後ろには、法現象としての憲法の違憲問題が表面化していたが、この問題の本質は、ゴルディオスの結び目のように資本主義の矛盾と絡み合いながら内面化して深化している。またそれによって、本質的で先鋭化した労働基本権全面禁止という非合法たる根本的矛盾を受け取ったからこそ私は、消防法の目的規定にある国民の生命、身体、及び財産を各種災害から保護することを資する消防職に専念し永く働き続けることができたのである。

　ちょうど水月湖の湖底に堆積する年縞のように、私の矛盾も年縞と同じ

くして、静かに積り堆積していった。やがて時間がたつに連れて膨らみ孕んだ根本的矛盾が脳髄の奥底にまで深まれば深まるほど、学問との有機的関連性がトルソのようになり、やがて研究の幅が広がった。このことは、また自然と人間とを取り結ぶ登山家が、標高の高い山の稜線をただ一人で歩くようなものである。登山家と自然の山との物質代謝を媒介にした反復作用によって、山との一体化が強く深められ、狭くどんなに険しい急峻な山路であろうとも、遙かな山脈に連なる広々とした稜線を登山家自身が切り開くものである。登山家は、広葉樹の根圏が堆積する土壌に根張り、法則となす生理的活動の活発な自然生長の姿態そのものを模写する。学究生活では、考究と思索と共に歩んだ奥行のある社会科学との繋がりもまたひときわ強くなり、内的世界が広がっていった。広がりを見せたそのまた後ろには揺るぎない歴史観と社会観、そして世界観が堅牢に築かれていたために、学究の大きな支えになっていた。四面楚歌になり、また牧歌的になろうとも、汝の道をひたすら歩むことしかなかった。学問は、自身を失わせることなく、決して裏切ることはしなかった。労働基本権を軸にした前と後ろの机辺のかたわらには、いつものように『資本論』や『マルクス＝エンゲルス全集』があった。生きゆく思潮に抗しながら時と共に根深い矛盾に執拗なほどつきまとわれながらの日々を重ねてゆくうちに、自然法則のように活力が帯びてきた。生理的機能その歩みに導かれて自身の道を拓き、学術書を開いては閉じまた再び開いては思慮深く思索にふけり、推敲を重ねる時間を過ごしていたら、いつのまにやら人間61年を迎えていた。これが私の階級闘争論である、と一端ここで総括することにした。

　本書は、これまでの階級闘争論を総括した証としての、権利闘争と権利に関する問題構制を学際的に整え再構成して、マルクスの『資本論』の諸章と浩瀚な著作からの論点を私なりに解説を加えて上梓したものである。格調高い『資本論』の理論体系とマルクスの著作ではあるが、先行研究ではいまだ等閑視され取り扱われてこなかった、団結権や争議権、勤労権や所有権と諸権利、及びマルクスの権利意識と権利概念やその意義をいかに理論体系の文脈のなかで展開していたのかを原点回帰して省察するものである。そしてそのうえで遍く学び、マルクスの権利と世界へと導きたく深い想いをよせて、人後に落ちぬよう必要な範囲内で原文を抄録したこの希書を、マルクスの世界を学問の世界へこの世の人々に広く捧げよう。

序説　『資本論』序文に学ぶ

　マルクスの手稿による『資本論』の経済学は、理論体系から学ばなければならない、ということには承服しまた敬服せざるをえないことである。それゆえ、全体像をつかむには理論体系の入り口にまで進んで序文から学びはじめることが第一歩であろうことは想像に難くない。畢生の大著『資本論』における「第1版序文」でマルクスは、「そして近代社会の経済的運動法則を明らかにすることはこの著作の最終目標である」（1867年）と、『資本論』の経済学の課題には、学問的な事実と論理にしたがい資本主義経済の運動法則を客観的にあきらかにすることであるとした。そして、「第2版後記」では、ヘーゲルの弁証法を重んじて深部にまで理解することを見せている。「私の弁証法は、根本的にヘーゲルのものとは違っているだけではなく、それとは正反対なものである。ヘーゲルにとっては、彼が理念という名のもとに一つの独立な主体にさえ転化させている思考過程が現実的なものの創造者なのであって、現実的なものはただ外的現象をなしているだけなのである。私にあっては、これとは反対に、観念的なものは、物質的なものが人間の頭の中で転換され翻訳されたものにほかならないのである。・・・/それだからこそ、私は自分があの偉大な思想家の弟子であることを率直に認め、また価値論に関する章のあちこちでは彼に特有な表現様式に媚びを呈しさえしたのである。・・・/弁証法は、ブルジョアジーやその空論的代弁者たちにとって腹だたしいものであり、恐ろしいものである。なぜならば、それは、現状の肯定的理解のうちに同時にまたその否定、その必然的没落の理解を含み、いっさいの生成した形態を運動の流れのなかでとらえ、したがってまたその過ぎ去る面からとらえ、なにものにも動かされることなく、その本質上批判的であり革命的であるからである」（1873年）。マルクスにとって、ヘーゲルの弁証法は、批判的にもまた肯定的にも理解したうえで、価値論で援用している。この弁証法をマルクスによって、合理的な核心を発見するために、それをひっくり返して、神秘化した形態たる弁証法がドイツでは、はやりものになったという。これにより、マルクスは「あの偉大な思想家の弟子であることを率直に認め」ることになる。弁証法は、生成した形態を運動の流れのなかでとらえるという、マルクスの思考の史的発展、つまり、弁証法的思考方法がなによりも『資

本論』の科学的研究にとって成果をあげたのであって、それが革命的な思考様式であったということになる。

続く「フランス語版序文および後記」に記された一説がある。「学問には平坦な大道はありません。そして、学問の険しい坂道をよじのぼる労苦をいとわないものだけに、その明るい頂上にたどりつく見込みがあるのです」（1872年）。知的な泉であるこの序文は、マルクスの経済学を学ぶにあたり、それなりの覚悟と姿勢を論じたものである。だが、科学の書を学ぶ機会を何人にも等しく与えてくれている。『資本論』に誘われ、そしてマルクスに私淑する研究者ならば頂門の一針とするところであろう。

次いで「英語版の序文」でエンゲルスはいう。「『資本論』は大陸ではしばしば『労働者階級の聖書』と呼ばれる。この著作のなかで到達された諸結論が、ただドイツやスイスだけではなく、フランスでも、オランダやベルギーでも、アメリカでも、そしてイタリアやスペインでさえも日ごとにますます労働者階級の大きな運動の基本的な諸原理となりつつあるということ、どこでも労働者階級はますますこれらの結論のうちに自分の状態と熱望との最も適切な表現を認めるようになるということ、これらのことは、この運動に通じている人ならば、だれも否定はしないであろう。そして、イギリスでもまた、マルクスの諸理論は、まさに今日、労働者階級のあいだにも『教養ある』人々の間にも広がりつつある社会主義運動に強い影響を及ぼしているのである」（1883年）と示唆に富むものがある。このエンゲルスの序文からは、『資本論』が国境を越えてまで拡充し大陸の労働者が手にとり読まれていたことを自明としている。労働者階級の聖書たるバイブルになっていた。またことに各国の労働運動にあらたな展望を切り開き、それが社会主義運動の発展にも強い影響をあたえるほどの、壮大なスケールで書かれた理論であることを述べている。

第2巻の「序文」でエンゲルスは、リカードゥ学派に批判を呈していた。「商品として売買されるのは、労働ではなくて労働力である。労働力が商品になれば、その価値は、一つの社会的産物としての労働力に具体化されている労働によって定まるのであり、それは、労働力の生産および再生産のために社会的に必要な労働に等しいのである。だから、労働力のこの価値にもとづく労働力の売買は、けっして経済的価値法則と矛盾しないのである」（1885年）という。資本主義の特殊商品である労働

力の商品とその売買をめぐる労働価値説についての大要を説示していた。

続く第3巻の「序文」でエンゲルスは、「科学的な問題に携わろうとする人は、なによりもまず、自分が利用しようとする書物をその著者が書いたとおりに読むことを、またことに、そこに書いていないことを読み込まないようにすることを、学ばなければならないのである。これらの検討全体の帰結として、この問題についてなにごとかをなしとげたのはやはりマルクス学派だけだということになる」（1894年）という。学術書を執筆した著者には、不断から敬意を表しながら論点を整理して精読することを促しマルクス学派を称揚するのであった。さらにエンゲルスは「『資本論』第三部への補遺」において、「『資本論』の第三部は、公の批判のもとに置かれて以来、すでに多くのさまざまに違った解釈を受けている。・・・マルクスのような人物には、自分の言葉を聞かせる権利があるのであり、自分の科学的な諸発見を完全に真正な自分自身の叙述によって後世に伝える権利があるのである。さらにまた、このようにすぐれた人物の遺稿を、私にはそうとしか思えないような仕方で冒瀆するということは、私がどうしてもしたくないことだった。もしそんなことをすれば、それは私に背信だと思われたであろう。そして第三に、それはまったく無益だったであろう。読むことができない人々や読もうとしない人々、すでに第一部でもそれを正解するのに必要だったよりももっと多くの労力をそれを誤解するために払った人々──こんな人たちのためになにかを費やすということは、およそむだなことである。しかし、本当に理解しようとする人々にとっては、まさに原本そのものこそが最も重要だったのである」。（1895－1896年）

珠玉の名著『資本論』のマルクスとエンゲルスの序文と補遺の文脈からは、学問に臨む者は厳格な道を極め、常にひたむきで謙虚、熱心でなければならず、理論的には物質や形態を過ぎ去る面からとらえ、資本主義経済の運動法則を弁証法の視座から的確にとらえ批判的精神に習うことであり、しかも、これら序文を抜きにして『資本論』の道程を語ることはできないであろう。

実際、『資本論』の第1部は「資本の生産過程」、第2部「資本の流通過程」、第3部「資本主義的生産の総過程」という3部構成からなる「過程」（prozeß）である。その意味で、資本の運動を過程として必然的に伴う方法論が「いっさいの生成した形態を運動の流れのなかでとらえ」

ることによる。それゆえに過程という弁証法そのものが『資本論』の3部構成であるといわれているほどである。しかもすでに労働者階級の聖書となった『資本論』の歩みと歩調を合わせることによって、労働者や研究者の学問研究のバイブルから抜け出し、高度な基本的原理となっていった。それゆえマルクスは、資本主義経済の運動法則を解明した科学者であり、したがって世界的な『資本論』を執筆した著者だけに、「まさに原本そのものこそが最も重要だったのである」ということの意義に理解をこめて、後世にそして世界の人々に継承されることが「あの偉大な思想家の弟子」としての権利なのである。

しかも、これら序文の背後には、フランツ・メーリングの秀逸『カール・マルクス―その生涯の歴史第一巻』（1918年）が語るように、「1867年1月から1867年3月までにこのとてつもない巨塊から、マルクスは、古典的な文体にもられた『資本論』第一巻を『間然とするところなき芸術品』としてつくり出した。これこそ、途方もない彼の労働力をいまもなおもっとも輝かしく証明するものである。なぜか。この一年三ヵ月こそは、この仕事のほかに、たえまない病気、それも1866年2月のごとくあやうく一命を落とすような病状と脳髄をおしつぶすような借金の山と、かててくわえてインターナショナルのジュネーブ大会のために容赦なく時間を奪われるていの準備工作にみたされていたからだ」という。『資本論』の研究に没頭する生活過程が苦闘と死闘の結晶であるということをメーリングが伝えてくれている。

このことは、「マルクスからエンゲルス（在マンチェスター）へ」の手紙で推察されるところである。「ちょうどいまこの本の最後のボーゲン（第四九）の校正をすませたところだ。付録―価値形態―は小さな字で印刷されていて $1\frac{1}{4}$ ボーゲンになっている。序文も昨日校正して返送した。つまり、この巻は完成したのだ。ただ君に感謝する、これができたということを！僕のために君が身を犠牲にしてくれなかったら、僕は三巻本の途方もない大仕事をやることはとうていできなかったのだ。僕は君を抱きしめる、感謝にあふれて！」（ロンドン、1867年8月16日夜2時）。

この手紙からは、『資本論』を校正し終わり脱稿して印刷を見たマルクスが心友であるエンゲルスからの金銭的な援助と支援と協力により完成された時の歓喜あふれる私信であることがうかがえる。マルクスの生涯は、全面的に経済学研究の生涯であったということが把握できよう。

こうしたマルクスの努力のはてに、1867年3月に『資本論』全三巻の草稿ができあがり、第一巻は9月2日ドイツのハンブルグのマスナー書店から発行された。この年はちょうど12月王政復古により明治維新政府が成立したブルジョア革命の年でもあった。マルクス、すでに49歳であった。

　いうまでもなく、マルクスの批判的精神と批判的知性からなる卓越した見識と明敏、創見と洞察力、そして透徹して明瞭なすがたを表した『資本論』をはじめとする著作集を遺稿とせずに、21世紀日本資本主義経済の危機と闘争の過程から派生する新たな権利が、マルクスによる『資本論』とその他の著作や論稿の諸権利がいかに通底し、それが現代日本資本主義に適用し通用するのかを考察し理解を深めながら現実的な分析に役立たせるのが『資本論』の出口である。そのため、読者諸賢には、『資本論』の方法論を理論体系から学ぶ大観を与えその方法として少なからず感覚的に原文に触れることを切に望むものである。いうなれば、社会科学の大著としての学問の基礎理論の真髄を浸潤し、味わいながら誘われる楽しみを、本書を通じて『資本論』と出会う喜びに魅了されるならば誠に幸いであると思うのである。畢生の名著の出会いと人との出会いは、一線上のめぐり逢いに帰結するものである。

（2024年6月自宅にて）

[凡例]
1. 『資本論』の引用箇所の底本としては、K.Marx、*Das kapital*, Ⅰ, Ⅱ, Ⅲ in *Marx, Engels Werke*, Bd.23,24,25（Berlin:Dietz Verlag,1962,63,64）を用い、この底本による『資本論』普及版（全5冊、大内兵衛・細川嘉六監訳、大月書店、1989年）の引用する当該ページは（S.190;230-231頁）のように示す。ただし、翻訳文献からの引用については、訳文にしたがっていない場合がある。第3章は大月書店版『マルクス＝エンゲルス全集』を参考に引用している。
2. 引用文の／は、パラグラフの改行箇所を示している。引用文中の・・・は、原則として引用者による省略を示し、脚注の（注）は本文から引用している。
3. 底本の権利（Recht）にかかわる箇所を強調して表現している。
4. 原文の漢数字はアラビア数字に、旧字体は新字体に引用者が変更を加えた部分もある。

第1章

『資本論』第Ⅰ巻

第1章 『資本論』第Ⅰ巻

第1部　資本の生産過程

1　第2篇第4章　貨幣の資本への転化

　労働力の売買が、その限界のなかで行われる流通または商品交換の部面は、じっさい、**天賦の人権**の本当の楽園だった。ここで支配しているものは、ただ、自由、平等、所有、そしてベンサムである。自由！なぜならば、ある一つの商品たとえば労働力の買い手売り手も、ただ彼らの自由な意志によって規定されているだけだから。

（Marx［1867］S.190; 230－231頁）

　マルクスは、労働力または労働能力を生きている人格のうちに存在していることを前提に論じている。貨幣所有者、つまり労働力という特殊な商品の買い手にとっては、自由、平等、所有を支配する天賦の人権がある。とはいえ、有史以来、人間の精神にもっとも大きな影響を与えた著作として、イギリス労働党の学者キングスレイ・マーチンは、『聖書』、『資本論』、そして『社会契約論』をあげている。ジャン・ジャック・ルソーの著作『社会契約論』（1762年）では天賦人権に比類する権利である人民主権論が述べられていた。「人間は自由なものとして生まれた、しかもいたるところで鎖につながれている。・・・人民は、〔支配者が〕人民の自由をうばったその同じ権利によって、自分の自由を回復するのであって、人民は自由をとり戻す資格をあたえられるか、それとも人民から自由をうばう資格はもともとなかったということになるか、どちらかだから。しかし、社会秩序はすべての他の権利の基礎となる神聖な権利である。・・・／社会契約によって、人間が失うもの、それは彼の自然的自由と、彼の気をひき、しかも彼が手に入れることのできる一切についての無制限の権利であり、人間が獲得するもの、それは市民的自由と、彼のもっているもの一切についての所有権である。・・・／契約の性質上、主権のすべての行為、すなわち、すべて一般意志の正当な行為は、すべての市民を平等に義務づけ、あるいは恩恵をあたえる」。（邦訳、15、36、52頁。桑原武夫・前川貞次郎訳［2004］『社会契約論』岩波書店）このルソーの社会契約説は人間を鎖から解き放ち人間本来の自由をとりもどすべきだという。人民主権の理論として共和制を志向し、フランス革命、すなわち、ジャコバン党の指導理論となり、近代民主主義の政治思想に大きな影響を及ぼした。日本でもルソーの政治思

想は中江兆民訳の『民約論』以来、明治時代における自由民権思想の基礎となった。

しかし、エンゲルスは静観することなく冷笑的にルソーの『社会契約論』を批判してみせた。『反デューリング論』のなかで、「平等は、けっきょく、法のもとでのブルジョア的平等になってしまったということ、最も本質的な人権の一つとして宣言されたのは──ブルジョア的所有権であったということ、そして理性国家、ルソーの社会契約は、ブルジョア的民主共和国として生まれでたし、またそうなるよりほかなかったのだということを」（Engels［1877-1878］S.17;17頁）指摘していた。

ルソーの人民主権論、すなわち『社会契約論』は、フランス人権宣言（1789年）、正式には「人および市民の権利宣言」の前文と17条からなるこの人権宣言に十分に入り込んでいた。フランス人権宣言の第1条所定には、「人間の自由かつ権利において平等なものとして生まれ、また、存在する。社会的な差別は、共同の利益にもとづいてのみ、設けることができる」。第6条では「法は総意（一般意志）の表現である」とし、17条では、「所有権は神聖かつ不可侵の権利である」と規定していた。つまり、私有財産制を認めた自由、平等、一般意志、所有権を宣言したことに相違なく、それはルソーの人民主権論がフランスのブルジョア革命に影響を及ぼしたのはほかでもなく、資本主義から生みだされた宣言なのであり、市民革命に必要不可欠で、なおかつ深遠なる人権思想をもつルソーの『社会契約論』であった。ただし、世界の労働者に向かって公然と宣言した行動綱領『共産党宣言』の第2章では「フランス革命は、ブルジョア的所有のために封建的所有を廃棄した。共産主義の特徴をなすものは、所有一般の廃棄ではなく、ブルジョア的所有の廃棄である。・・・／共産主義者は、その理論を私有財産の廃止という一つの言葉に要約することができる」（Marx, Engels［1848］邦訳、58頁。大内兵衛・向坂逸郎訳［1975］岩浪書店）と述べ、フランス革命の産物は封建的所有の廃棄であるとしたあとで、共産主義者の任務はブルジョア社会の矛盾、すなわち私有財産の廃棄にある二段階戦略を規定し、討究していた。この天賦人権という用語は、日本の近代化のはじめから知られていて、明治前期には自由民権思想の植木枝盛が「天賦人権ト云ヘルコトヲ言フモノハ、必シモ国家法律ノ有無ニ関ハラス、直チニ其天ニ微シテ之ヲ唱フルコトナリ」と権力からの自由の要点を解きほぐしていた。（樋口陽一［2004］『国法学』有斐閣、37頁）

さてここで人権に通ずる歴史的意義を考察しよう。基本的人権とは、人間が生まれながらにして人間であるがゆえに有する権利としての人権である。歴史的に振り返れば1776年のアメリカにおけるヴァージニア権利章典と1789年のフランス人権宣言がある。ヴァージニア権利章典は、「すべて人は生来ひとしく自由かつ独立しており、一定の生来の権利を有する」と

宣言していた。続くフランス人権宣言においては、「人は、自由かつ権利において平等なものとして出生し、かつ生存する」と、人は自由かつ平等に生きる権利があることを強調していた。アメリカとフランスの代表的な人権に関する国家的理念の対象はそれぞれ「人」であり、ひときわ権利を人という観点から照している。わが日本国憲法第13条では、「すべて国民は、個人として尊重される。」として基本的人権が国家により保障されていることが示され、つづく「生命、自由及び幸福追求に対する国民の権利」が本条における母体的権利あるいは総則的権利ないし基底的基本的人権規定がある。この「自由」のなかには、自由権としての、精神的自由権、経済的自由権、人身の自由が認められている。

なお、法律学の権利とは、一定の利益を請求し、主張し享受することができる法律上認められた力をいうと定義されている。

2　第3篇第8章　労働日

労働日は、ある限界を越えては延長されえない。この最大限は二重に規定されている。第一には、労働力の肉体的限界によって。人間は、二四時間の一自然日のあいだには一定量の生命力を支出することしかできない。・・・このような純粋に肉体的な限界のほかに、労働日の延長は精神的な限界にもぶつかる。労働者は、精神的および社会的な諸欲望を満足させるための時間を必要とし、これらの欲望の大きさや数は一般的な文化水準によって規定されている。・・・資本家は、労働力をその日価値で買った。一労働日のあいだの労働力の使用価値は彼のものである。つまり、彼は、一日のあいだ自分のために**労働者を働かせる権利**を得たのである。・・・労働者が労働する時間は、資本家が自分の買った労働力を消費する時間である。もし労働者が自分の処理しうる時間を自分自身のために消費するならば、彼は資本家そのものを盗むわけである。

（S.246－247；302－303頁）

資本家は、労働力という有用的な商品をまる一日買ったからにはある一定の労働時間に関係なく無限に近いほど延長する。マルクスはこのことを「資本家としては彼はただ人格化された資本でしかない」（S.247;303頁）と断言する。資本家は過密で過度に過重労働させる権利を取得したのである。

概要はさておき労働権という言葉は、空想的社会主義者のC・フーリエが1808年（初版）『四運動の理論』ではじめて「労働権（droit au travail）」について語っていた。この著作の序言において「彼らは人権を扱っていな

がら、労働権を認めることを忘れている。なるほど、これは文明においては認めがたいにせよ、それなくしては、他の一切が無益なものとなるにもかかわらず」とし、ついで第三部確証篇では「私はここで扱うべき問題を、労働への権利として指示するにとどめよう。すなわち、ギリシア人のあの夢想を復活した結果、かくも愚かしいものとなりはてた人間の諸権利なものについては、ここでは手をださないように注意しよう。この人権の支配が革命をひきおこして以来、そのなかでも最上にして唯一の有益な権利である労働権を忘れてしまったために、われわれは新たな混乱への道を歩んできたのだといっても、人は信ずるであろうか。この労働権こそは、哲学者たちが研究の各部門においてもっとも重要な問題を忘れるという彼らの習慣（11頁）にしたがって、かつて一度も言及したことのなかったものなのである」。この節では、ほかでもなくアリストテレスに憐憫の情を抱きながら、ルソー、ディドロ、エルベシウスらを「哲学者たち」と突き放し、労働権を労働者としての主要な人権（droit Principal）であると考えていた。

さて、法律学の問題になるが労働法の学説における勤労権概念の要点は、17、18世紀の自然法思想は、個人主義社会観に基づいた、個人の労働の機会は消極的な自由権の理念であった。この点、20世紀における社会主義思想のプロレタリア自然法学は、資本主義経済の経済的基本権を否定しつつ、生存権を保障しながら勤労権を国家が積極的に保障するという意味をもたせた社会権へと展開させた。そして、勤労権の主張は生存権確保のための経済的基本権へと展開されるにいたるのであるが、私有財産制を承認しつつも、自然権と同様な勤労権は原権であるとした。

ぼくの労働力の毎日の販売価格によって、ぼくは毎日労働力を再生産し、したがって繰り返しそれを売ることができなければならない。年齢などによる自然的な損耗は別として、ぼくは明日も今日と同じに正常な状態にある力と健康と元気とで労働することができなければならない。きみは、いつもぼくに向かって「倹約」と「節約」との福音を説いている。・・・きみは、3日分の労働力を消費するのに、ぼくには1日分を支払うのだ。これはわれわれの契約にも商品交換の法則にも反している。・・・ぼくは標準労働日を要求する。なぜならば、ほかの売り手がみなやるように、ぼくも自分の商品価値を要求するからだ。（註40）1860年—1861年にロンドンの建築労働者が行った労働日を9時間に短縮するための**大ストライキ**中に、彼らの委員会は一つの声明を発表したが、それはわれわれの労働者の弁論とほとんど一致している。この声明は、「建築業者」〔"building masters"〕のなかで最も貪欲な者—サー・M・ピー

トウとかいう─に「聖者の聞こえ」のあることを、皮肉まじりにあてこすっている。（このピートウも1876年からは没落した─ストロウズバーグといっしょに！）　　　　　　　　　　　　　　（S.248−249；304−305頁）

　　労働者は、賃金によってしか労働力を再生産することができない限界がある。労働力を商品にして毎日売らなければならないのに対して、プロテスタンティズムのように労働力を倹約することは、いかにも許されない。労働者の必要とする消費基金の一部を資本の蓄積基金に転化する目的をもつ俗流経済学の節欲説。労働力の価値は等価交換ではなく不等価交換であるから、労働力を再生産するには1日分の労賃ではたりない。だから、「労働者の声」である「ぼく」は標準労働日に近い労働時間を短縮するために1日9時間労働をめぐる大ストライキとして発展したのである。ここではマルクスの労賃論を考察する。「労賃は、一方の面からは、自然法則によって規制されている。その最低限界は、労働者が自分の労働力を維持し再生産するために手に入れなければならない生活手段の肉体的最小限によって、したがって一定量の諸商品によって、与えられている」と述べる。（Marx［1894］S.866；1098頁）マルクスによる生存費説である「歴史的な精神的な要素」の根幹をなす労働者自身が維持するための最低限界に到達する「必要な生活資料」の全貌が明らかとなっている。ただし、経済学説史の通説では、D.リカードゥの『経済学および課税の原理』（1817年）の賃金論を生存費説と呼ぶこともあるため、あえてマルクスの労働賃金が露命をつなぐための最低生活水準の極限に設定していることから限界生存費説と規定するのが的確であろう。

　　日本の賃金形態に立ちかえり捉え返してみる。生存費説に相当するのは労働組合のナショナルセンター日本労働組合総評議会がマーケット・バスケット方式をもとにした理論生計費があげられよう。その他、生活保障給としては、1946年の日本電気産業労働組合協議会が停電ストを背景にした実態生計費を算定基礎にすえた電気産業レベルの電産型賃金体系がある。この賃金体系は、生活保障給・能力給・勤続給の3項目をもって基本賃金を構成する方式であり、最低生活の必要をみたす生活保障給に、平均で7.3％のウェイトを付与した、個々の労働者の家族の生活に対する平等主義的な配慮を基軸にすえた生活給思想に立脚したといってよい。

　　また、この賃金を全国一律に決定する春闘相場は以下のように形成された。1955年に合化労連などの八単産共闘による賃上げ統一闘争が端緒である。1956年には、総評が官公労も加えて官民一体の春闘賃上げ闘争に取り組んだことを契機に賃金決定方式が定着していった。春闘の成立は、合化、炭労、私鉄、紙パ、電産の五単産共闘にくわえて、1955年に全国金属、化学同盟、電機労連による八単産共闘の結成により、春闘が実質的に発足した。

翌年の1956年には、総評指導による官民一体の本格的な産業別統一闘争が組織された。この統一闘争に参加した組合員は、官公労の参加もあって八単産80万人を大きく上回り、総数300万人を越え、民間主要各単産の賃上げ額も前年をほぼ10％上回る成果をあげた。1957年の春闘では、高原闘争方式が採用され、炭労と国労のめざましい戦闘性の発揮によって労働運動史上初めて最低賃金制の確立をめざす統一ストライキが実施された。この春闘相場の形成は、日本的パターン・バーゲニングの標準賃金率を求め同一労働同一賃金の原則に根ざしていたことに加えて、春闘に参加する労働者が自主的に参加し、経済民主主義に資することによって官民一体の経済闘争を基軸にしたストライキでの労働条件の向上とさらなる引上げを最大限に求めるものであった。他方では、高度経済成長期の日本型フォーディスム蓄積体制では、生産性に関連した実質賃金の上昇を提唱したレギュラシオン学派の生産性インデックス賃金が学説により重要視されていたのであった。

　参考として、日本の争議権は、日本国憲法制定以前の旧労働組合法（昭和20年12月22日公布）所定の第1条2項「其の他の行為」及び第12条による「使用者は同盟罷業其の他の争議行為にして正当なるものに因り損害を受けたる故を以て労働組合又はその組合員に対し賠償を請求することを得ず」として、争議権を付与しており、正当な争議行為ならば刑事免責と民事免責されていた。もともと、消防職員、警察官、監獄職員の三種職員の労働基本権について、労組法では団結権が、労調法では争議権が認められていなかった。その理由について、末弘原案をもとにすれば、「労働組合法第4条と労働関係調整法第38条によって、警察官、消防職員、監獄職員は勿論、団結権すら与えられていないが、これは憲法違反に非ずやという主張が起こり得る・・・将来、反民主的勢力が議会を合法的に乗取って、これを悪用すれば、明治憲法で一応、国民に結社（労働組合もその一種）の権利を認めておきながら、治安警察法その他の合法的な立法的な手段によってこれらの権利を零に等しくなるまで制限できたのと同じ結果になる恐れが充分にある」（末弘厳太郎［1948］『労働法のはなし』一洋社、74頁）という理由であった。なお現行労働組合法では、正当と認められる争議行為に対しては刑事免責と民事免責とがある。（1条2項及び8条）

　要するに、まったく弾力性のあるいろいろな制限は別として、商品交換そのものの性質からは、労働日の限界は、したがって剰余労働の限界も、出てこないのである。・・・／資本家が、労働日をできるだけ延長してできれば一労働日を二労働日にでもしようとするとき、彼は買い手としての**自分の権利**を主張するのである。他方、売られた商品の独自な性

質には、買い手によるそれの消費にたいする制限が含まれているのであって、労働者が、労働日を一定の正常な長さに制限しようとするとき、彼は売り手としての**自分の権利**を主張するのである。だから、ここでは一つの二律背反が生ずるのである。つまり、どちらも等しく商品交換の法則によって保証されている**権利対権利**である。**同等な権利と権利**とのあいだでは力がことを決定する。こういうわけで、資本主義的生産の歴史では、労働日の標準化は、労働日の限界をめぐる闘争——総資本家すなわち資本家階級と総労働すなわち労働者階級とのあいだの闘争——として現われるのである。

(S.249;305頁)

　資本家は、特殊な労働力の商品の買い手であるから、労働日をできるだけ延長して無制限に働かせる自分の権利を主張する。これが「自分の権利」である。その一方で労働者は、特殊商品形態である労働力商品の売り手としては労働日を制限して労働力を再生産し人間らしく生きる自力救済の権利がある。その意味で、労働市場の内外を問わず権利対権利という労資同権化であるとするが、やがて資本主義的生産での労働日をめぐる攻防は、歴史的に総資本と総労働の階級闘争へと発展することが必然となる。

　あるりっぱな工場主が私に言った。「毎日たった10分間時間外労働をさせることを私にゆるすだけで、あなたは1年に1000ポンドを私のポケットに入れるのです」と。「時々刻々が利得の要素なのである。」／この点では、完全時間労働する労働を"full timers"〔全日〕と呼び、6時間しか労働することを許されない13歳未満の子供を"half timers"〔半日工〕と呼ぶこと以上に特徴的なことはない。（註63）「この表現は、工場のなかでも工場報告書のなかでも**公認の市民権**をもっている」。

(S.257-258;316頁)

　工場主の剰余労働にたいする飽くことしらぬ人狼的渇望の蓄積である。この蓄積は、毎日10分間の時間外労働を強要するがそれを工場主は不払いにする。そうなると賃金債権の問題が生ずる。この賃金債権とは、労働者が使用者に対して賃金の支払いを要求することを内容とする具体的権利である。労働基準法上では賃金請求権という場合もある。それゆえ、同法第115条所定において「この法律の規定による賃金・・・請求権」と定められているところでもある。それとともに、労働基準法上では、通貨払いの原則があり、直接払いの原則、賃全額払いの原則、さらに賃金は、毎月一

回以上、特定した一定期日に支払う原則という5原則がある（第24条）。『資本論』の文脈では市民法体系の中枢をなす民法の不当利得（第703条）に置き換えたたとえになっているが、不当にも搾取することは市民権を得ているのである。しかも完全労働時間や児童労働にすることが公認されていたのである。労働者から搾取を許容した市民権は、『民主主義は工場の門前で立ちすくむ』（熊沢誠、1993年）までもなく工場の外延でも、日本や世界各国においても無差別に冷笑的な過度労働が酷使され、現在でもなお無力なILOを尻目に不作為に行われている。

われわれは、今までアイルランドにいた。海峡の向こう側、スコットランドでは、農業労働者が、この犂を扱う男が、酷烈きわまる風土のさなかで日曜の4時間の追加労働（この安息日のやかましい国で！）をともなう彼の13時間から14時間の労働を訴えており（註86）、同時に他方ではロンドンの大陪審の前に3人の鉄道労働者が、すなわち1人の乗客車掌と1人の機関手と1人の信号手とが立っている。（註86）「1865年以来、まずスコットランドで、農業労働者の間に労働組合が結成されたことは、一つの歴史的な事件である。イングランドの最も抑圧されていた農業地方の一つであるバッキンガムシャでは、1867年3月賃金労働者が、週賃金を9―10シリングから12シリングに引き上げさせるための**一大ストライキ**をおこなった。」

(S.267－268；329－330頁)

　ロンドンの大陪審の前で鉄道労働者の声が聞こえる。「一〇年から一二年前までは自分たちの労働は一日たった八時間だった。それが最近の五、六年の間に一四時間、一八時間、二〇時間とねじあげられ、そして遊覧列車季節のように旅行好きが特にひどく押しよせるときには、休みなしに四〇―五〇時間続くことも多い」（S.267－268；329－330頁）とマルクスは告知している。スコットランドの農業労働者の労働組合結成はいまだ非合法な労働組織であった。労働組合が法認され合法化されたのは1871年であったから、マルクスは「一つの歴史的な事件である」と述べたに違いない。一方のイングランドでは、労働時間は延長するばかりで労賃はいっこうに上昇しないだけに、労働者は賃金引上げ、つまり労働条件を引き上げるために大ストライキという実力行使にでたのである。当時、サラリーは週賃金であったことがうかがえる。なおアイルランドについては、マルクスによる渉猟の論文が散見されることであるが、とりわけエンゲルスの「アイルランド兄」『マルクス＝エンゲルス全集第16巻』に綴られている。

標準労働日の制定は、資本家と労働者との何世紀にもわたる闘争の結果である。・・・現代の工場法を14世紀からずっと18世紀の半ばにいたるまでイギリスの労働取締法と比較してみよう。現代の工場法が労働日を強制的に短縮するのに、以前の諸法令はそれを強制的に延長しようとする。資本がやっと生成してきたばかりでまだ単なる経済的諸関係の力によるだけではなく、国家権力の助けによっても十分な量の**剰余労働の吸収権**を確保するという萌芽状態にある資本の要求は、・・・もちろんまったく控えめに見える。資本主義的生産様式の発展の結果「自由な」労働者が、彼の習慣的な生活手段の価格で、彼の能動的な生活時間の全体を、じつに彼の労働能力そのものを売ることに、つまり彼の**長子特権**を一皿のレンズ豆で売ることに〔旧約聖書、創世記、第二五章、第二九節以下〕、自由意思で同意するまでには、すなわち社会的にそれを強制されるまでには、数世紀の歳月が必要なのである。

　それゆえ、14世紀の半ばから17世紀の末まで資本が国家権力によって成年労働者に押しつけようとする労働日の延長が、19世紀後半に子供の血の転化にたいして時おり国家によって設けられる労働時間の制限とほぼ一致するのは、当然のことである。・・・/最初の「労働者取締法」〔"Statute of Labourers"〕（エドワード３世第23年、1349年）は、その直接の口実・・・をペストの大流行に見いだしたのであって、・・・「労働につかせることの困難が実際に堪えられなくなった」ほどに、人口を減少させたのである。・・・1562年のエリザベスの一法律は「日賃金または週賃金で雇われる」労働者のすべてについて、・・・実際には事情は労働者にとって法文にあるよりも、ずっと有利だった。・・・ドクター・アンドルー・ユアは、1833年の12時間法案を暗黒時代への後退として**悪評する権利が**あったのではないか？もちろん、諸法令のなかに記されておりペティーによって言及されている諸規定は、"apprentices"（徒弟）にも適用される。

(S.286－289；354－357頁)

　「標準労働日の制定は、資本家と労働者との何世紀にもわたる闘争の結果である」というがこの結果を出すまでには、労働者は幾多の馘首を生まなければならなかった。そして工場法と労働取締法との比較をすることも必要だという。資本主義の萌芽期には、資本家だけではいまだ脆弱であったから国家権力を執拗に介入させてまで剰余労働の吸収権を確保したのであった。その後の発展期には労働者が自分の子供まで労働力を商品として

売ることを長子特権としている。さてここでは、ペティとユアを取り上げておく。マルクスが経済学の父であり統計学の創始者ともいわれたウィリアム・ペティの『アイルランドの政治的解剖』(1672年版)〔租税貢献論〕から引用している。「労働者(laboring men, 当時はじつは農業労働者)は、毎日十時間ずつ労働して、毎週二〇回の食事を、すなわち仕事日には三回、日曜には二回の食事をとっている。このことからはっきりわかるように、もし彼らが金曜の晩は断食するつもりになり、現在そのために午前十一時から一時まで二時間を費やしている昼食を一時間半にするつもりになれば、つまり彼らが二〇分の一だけ多く働いて二〇分の一だけ少なく消費するならば、前述の租税の一〇分の一は徴収されうるであろう」(S.288−289;356−357頁)と。さらにマルクスの『経済学批判』(1859年)では、ペティが古典派経済学の始まりであるとして、「商品を二重の形態の労働に分析すること、使用価値を現実的労働または合目的的な生産活動に、交換価値を労働時間または同等な社会的労働に分析することは、・・・経済学が独立の科学として分離した最初の形態である政治算術に到達させた」(Marx[1859] S.37;36頁)と称揚していた。ペティといえば、「自然単位名称」つまり土地と労働とによって価値づけた、「土地が富の母であるように、労働は富の父であり、その能動的要素である」と提唱したことは有名である。A.ユアの『工場哲学』をマルクスは『資本論』で随所に引用している。その一部を引いておこう。「それだから、マカロックとかユアとかシーニアとかのたぐいのもろもろの経済学者たちの著書を見ると、あるページには、生産力の発展は必要な労働時間を短縮するのだから労働者はそれを資本家に感謝すべきだ、と書いてあり、次のページには、労働者は10時間ではなく今後は15時間働いてこの感謝をあらわさなければならない、と書いているのである」(Marx[1867] S.340;422頁)と批判を呈する。この点マルクスは『資本論』第3部第1篇第5章第5節「発明による節約」で科学的労働を規定している。「一般的労働というのはすべての科学的労働、すべての発見、すべての発明である。」(Marx[1894] S.114;130頁)。『経済学批判要綱』では、科学的労働を次のように論証する。「労働時間―たんなる労働量―が資本により唯一の規定的要素として措定されればされるほど、生産―使用価値の創造―の規定的原理としての直接的労働とその量とはますます消失し、そして量的には小さな比率にひき下げられるとともに、また質的には、なるほど不可欠であるが、ある側面から見て一般的科学的労働、自然諸科学の技術学応用に比べて、また総生産における社会的仕組みから生じる一般的生産力にくらべて従属的な契機としてあらわれる・・・一方では単純な労働過程から科学的過程への転化―この科学的過程への転化―この科学的過程はもろもろの自然暴力をしたがわせて自己に奉仕させ・・・そして直接的労働の社会的労働へのこの高揚が資本において代表され、集積

されている共同性にたいして個々の労働の無力性への委縮として現れるとすれば、いまや他方では、ある生産部門における共存労働（co-existing labour）によって維持する」（Marx［1857－1858］Ⅲ S.587；648頁、高木幸二郎監訳［1969］『経済学批判要綱』大月書店）。ゆえに科学的労働は労働時間の短縮に結実することになる。

やっと、1833年の工場法―綿工場、羊毛工場、亜麻工場、絹工場に適用される―以来、近代産業にとって標準労働日が現われはじめる。・・・1833年の法律は完全に発効することになった。この法律は1844年6月まで変わらないままだった。・・・こうして1844年6月7日の追加工場法は成立した。それは1844年9月10日に発効した。それは労働者の新たな一部類を被保護者の列にくわえている。すなわち、18歳以上の婦人である。彼女らはどの点でも少年と同等に扱われた。すなわち、その労働時間が12時間に制限され、夜間労働が禁止される、等々である。こうして、はじめて立法は成年者の労働を直接かつ公的に取り締まることを余儀なくされたのである。工場報告書には皮肉にも次のように言われている。「成年婦人たちが**彼女たちの権利**のこの侵害について苦情を訴えたというような事例は、われわれの耳には一つも入らなかった」。　　　　　　　　　　　　　　　　　　（S.295－298；366－370頁）

　世界的に女性の権利宣言で代表的なものといえば、オランプ＝ド＝グージュが発表した「女性および女性市民の権利宣言」（1791年）がある。
　さて、イギリスの1844年の工場法成立には、11年の歳月を要したことになる。これにつきマルクスがいうには「それらの定式化や公認や国家による宣言は、長い期間にわたる階級闘争の結果だった」（S.298；371頁）のである。要するに階級闘争なくして工場法の成立はなかったことになる。イギリスの工場法は、ロバート・オーウェン、シャフツベリーらの貢献により、1833年に成立。9歳以下の労働禁止、18歳未満の夜業禁止と12時間労働、工場監督者の設置などが規定された。1844年法は婦人労働者の保護規定がくわえられ、1847年法は、女性、年少者の労働を1日あたり10時間労働に制限した。1850年代には男子労働者の労働時間制限にいたった。以上のように当時のイギリス工場法は、女性労働者の保護と労働時間規制に重点をおいていたのであった。その他の賃金、休日、休暇、安全衛生、職場環境、災害補償などは規制の対象外であった。すなわち工場法は、実定法の要件が一部欠如していたが、しかし労働者階級が闘いとった圧倒的な労働時間

規制の獲得であって、資本との自由意思による契約によって労働者が自己の種族とを売って死と奴隷状態に沈むことを阻止したのである。

　さて日本の労働基準法の女性労働保護規定については、同法第6章の2で、年少者は第6章で規定されているのであるが、しかし、男女を問わず深夜業についての保護規定は再規制する必要がある。夜間労働について、時間帯が午後10時から午前5時までの間には割増賃金の増額が設けられている。その理由は、「深夜労働という特殊な労働に対する特殊作業手当のような性質を持つものであって、法律でこれを支払うことを強制しているのは、深夜労働による労働者の肉体的疲労を割増賃金によって償わせようとするもので、時間外労働、休日労働の場合と同様な目的に基づくものである」とし、また深夜業の禁止は「年少者の深夜業は、健康上、福祉上特に有害です」ということにある。（松岡三郎［1968］『合理化と労働基準法』労働旬報社、226頁）このほか、深夜労働はサーカディアンリズムの変調をきたすのである。サーカディアンリズムの変調は、主として睡眠障害となってあらわれ、入眠困難、中途覚醒、早朝覚醒などの症状が生じ、十分な睡眠が確保できない交替勤務睡眠障害を発症させるのである。まさしく業務起因性を根源とすること、総じて業務から発症する血圧や心拍数ないしカテコールアミンレベルの異常をもたらし虚血性心疾患などの心血管系疾患が増悪することによって脳・心臓疾患を発症させ、脳の全体が有機体として働くことを停止せしめることになる。サーカディアンリズムの変調が起因したとみられる睡眠障害に関連した代表的な重大事故としては、1979年アメリカで発生したスリーマイル島原子炉爆発事故や1989年アラスカ沖での巨大タンカー座礁事故などがある。

　工場主たちでさえ一部のものは次のようにつぶやいた。「治安判事たちの判決が互いに矛盾しているために、まったく異常な無政府状態が広がっている。ヨークシャでは別の或る法律が行われ、ランカシャではまた別の法律が行われ、ランカシャでの一教区では別の或る法律が、そのすぐ近所ではまた別の法律が行われている。・・・」しかも、労働力の平等な搾取こそは資本の**第一の人権**なのである。　　　　　（S.309；384頁）

　　すでに工場法が成立していたのであるが、その適用する教区や地方によっては無政府状態による無保護な労働者（vogelfrei）の存在を示している。こうした予定調和的な資本主義経済のもとで搾取こそが資本の第一の人権（Menschenrecht）であった。

　日本の労働者保護に関する端緒的著作は、遡ること明治29年（1896年）に美濃部俊吉が執筆した『職工保護法の要領』では、欧米諸国における労

働者保護法を細部にわたって論究している。つづく明治36年（1903年）には農商務省工務局刊『各工場における職工救済その他慈恵的施設に関する調査概要』で日本の労働者を調査した結果が刊行されている。

　法的側面の整備については、工場法が明治44年（1911年）に制定されはしたが施行にいたったのは大正5年（1916年）で、制定まで30年、施行に至るまで35年の星霜を積んだ法律である。

　とはいえ、風早八十二著『日本社會政策史』（1937年、日本評論社、162頁）によれば、工場法はすべての工場に適用されていたわけではなかった。「労働組合期成会は、諸種の原動力を用い、又は五名以上の職工徒弟を使役する工場に一斉適用させるべきことを主張し、政府原案はまた、十人以上の労働者使用工場を包含すべきを主張したのであったが、資本家側の強硬な反対により第二十七議会下院委員会は急転直下二十人以上の工場とし、本会議で十五人以上と妥協・・・結局左の三種工場に限定されたのであった。・・・この施行当初には工場法の適用を故意に免れようとして、工場の分割を図り、あるいはその規模を縮め、又は使用職工の数を減少せんとする工場主が相当あった」という当時の現状報告である。

　以下は工場法施行開始時期（大正五年十二月末日）の工場法適用数を示したものである。

工場法適用工場数

	（工場数）	（職工数）
1　常時15人以上職工使用	14,249	1,078,861
2　事業の性質危険又は衛生上有害の虞れあるもの	4,409	2,530
3　軽易なる事業にして常時15人以上原動機使用	389	16,157
合計	19,047	1,120,328

（※原著の引用の際、漢数字はアラビア数字に旧漢字は新漢字に引用者が改めた）

　その後の労働保護法と工場法の共通点を探ろう。昭和13年（1938年）の商店法が制定されその対象は商店労働者であったが、工場法とともに戦後の労働基準法が制定されたことによって同法は廃止されることになった。『労働基準法〔昭和22年〕（1）—（4）日本立法資料全集』を基底に編集されている東京大学労働法研究会［2003］『注解労働基準法　上・下巻』（2－3頁）から工場法を重視した要旨を以下に示す。第1に、労働組合の結成と活動とを法認し、これを法的側面からコントロールするための実定法規が日本において制定されたのは上記2法をもって嚆矢とするが、体系的な労働保護法規は「工場法」（1911年公布、1916年施行）という形をとって既に存在しており、ほぼ30年に及ぶ運用の経験が蓄積されている。したがっ

て労働基準法には第二次世界大戦以前の遺産が色濃く反映されている。第2に、このため労働基準法については、労働組合法や労働関係調整法の場合と異なり、GHQの指導や影響が法の根幹を形成したという経緯は見られず、むしろ日本側の主導によって実現した面が強い。民主的労働関係の確立を骨子とする労働改革には、それを推進しようとするGHQの方針に基づいて、1946年3月より厚生省労政局労働保護課内で新しい法案策定作業が開始されていたが、しかしながら当事者の念頭には工場法をいかに継承し、またいかに克服するかという課題があった。工場法自体が、制定より30年を経過する中で、危険予防や衛生に関する規整、業務上災害扶助、賃金の月1回以上通貨支払原則、違約金または損害賠償額予定契約の禁止、解雇予告制度、就業規則の作成と周知の義務、成年労働者に対する幅広い保護措置を規定しており、少なくとも全面的に廃棄されるべき前時代的内容の法律とは到底言えないレベルに達していた。

　終戦後ただちに着手されたのは、昭和18年勅令500号および厚生省令18号によって停止されていた工場法等労働関係法令の復活（昭和20年10月24日勅令600号および601号）であり、これにより各規制をはじめ、鉱業法や商店法による労働時間規制などの規制が復活適用された。このうち特に工場法等の先行法規の影響が強いのは、現行労働基準法の帰郷旅費規定と賃金保護規定、貯蓄金管理制限、解雇予告期間と解雇予告手当規定、42条から55条まであった安全衛生規定などであり、また行政監督と罰則を実効性確保の手段とする法の枠組みも工場法に負っていることは間違いないとしていた。

　これを後押し追認する学説がある。たとえば野川忍は「工場法に存在した規定のアレンジであった」として、ついで土田道夫は「戦前に工場法という最低基準立法（労働保護法）があり、労働基準法はこれを継承したということである」と戦前における工場法をかなり評価し継承した労働保護法が形成されているということになろう。戦後における労働基準法の立法過程については、第2章第2篇第8章固定資本と流動資本の解説を参照されたい。

　フランスは、イギリスのあとからゆっくりびっこを引いてくる。12時間法の誕生のためには二月革命が必要だったが、この法律もイギリス製の現物に比べればずっと欠陥の多いものである。それにもかかわらず、フランスの革命的な方法もその特有の長所を示している。・・・フランスの法律は、イギリスではただ児童や婦人の名で戦い取られただけで近ごろやっと**一般的な権利**として要求されているものを（註95）、原則として宣言しているのである。（註95）そこで、ついに工場監督官たちも

思いきって次のように言うのである。「このような反対」（労働時間の法的制限に対する資本の）「は、**労働の権利**という大原則の前に屈しなければならない。・・・たとえ疲労がまだ問題にならなくても、自分の労働者の労働にたいする**雇い主の権利**が停止されて労働者の時間が労働者自身のものになるような時点があるのである」。（『工場監督官報告書。1862年10月31日』54頁。）/彼らを悩ました蛇にたいする「防衛」のために、労働者たちは**団結**しなければならない。そして彼らは階級として、彼ら自身が資本との自由意思契約によって自分たちと同族とを死と奴隷状態とに売り渡すことを妨げる一つの国法を、超強力な社会的障害物を、強要しなければならない。「売り渡すことのできない**人権**」のはでな目録に代わって、法律によって制限された労働日というじみな大憲章が現れて、それは「ついに、労働者が売り渡す時間はいつ終わるのか、また、彼自身のものである時間はいつ始まるのか、を明らかにする」のである。

（S.317-320 ; 394-397頁）

　この一般的な権利とは、かかるイギリスにおける労働の権利のことである。工場法が成立し労働者にたいする規制が強化されたので、資本が譲歩せざるをえない状況を工場監督官が告げている。だがマルクスは人間にそなわる自然権的な人権こそ「売り渡すことのできない人権」であるという。商品は交換原理であるがゆえに、人権はこの原理では成立しないことを示唆している。一方のマルクスは、『哲学の貧困』のなかで労働者の団結を省察していた。「イギリスでは、当面のストライキのみを目的とし、そしてそのストライキとともに消滅する部分的団結だけに、とどまらなかった。・・・それらのストライキ、団結、労働組合の形成は、チャーティストという名のもとにいまや一大政党を構成している労働者たちの政治闘争と時を同じくして進行した。・・・大産業が、たがいに一面識もない多数の人間の群れを一ヵ所によせあつめる。競争が、彼らの利害関係において彼らを分裂させるが、しかし賃金の維持が、雇い主たちに対抗して彼らのもつこの共通な利害関係が、抵抗という一個同一の思想において、彼らを結集させる、──それが団結である」（Marx［1847］S.180 ; 188頁）。

　マルクスによれば、大工業にもとづく労働者大衆は、抵抗するチャーティストの党旗のもとで利害関係を乗り越え一致団結して資本に対抗する時には、すでに賃金の維持よりも労働組合の維持を優先することこそ政治的闘争とその性格を帯びてくる発展過程の実態を述べている。そこで文脈をかなり飛躍して「雇い主の権利が停止されて労働者の時間が労働者自身のものになるような時点があるのである」、この意味するものは、マルクスとエ

ンゲルスが執筆した『ドイツ・イデオロギー』の「朝には狩りをし、午すぎには魚をとり、夕には家畜を飼い、食後には批判する可能性」（Marx, Engels［1845-1846］S.33；29頁）なのであろうか。それとも単に自分たちの共同的統御と人間性に最もふさわしいとされる「必然性の国」か、それともこの国のかなたにある自己目的として認められる人間の力の発展が、労働日を短縮することを根本条件とする「真の自由の国」なのか、工場監督官は知る由もなかろう。

3　第4篇第12章　分業とマニュファクチュア

　マニュファクチュア的分業は、一人の資本家の手中での生産手段の集積を前提にしており、社会的分業は、互いに独立した多数の商品生産者のあいだへの生産手段の分散を前提にしている。・・・／それだからこそ、マニュファクチュア的分業、終生にわたる労働者の細部作業への拘束、資本のもとへの部分労働者の無条件の従属を、労働の生産力を高くする労働組織として賛美するブルジョア的意識が、同様に声高く、社会的生産過程のいっさいの意識的社会的な統御や規制を、個別資本家の**不可侵の所有権**や自由や自律的「独創性」の侵害として非難するのである。
（S.377；466頁）

　この不可侵の所有権は、狭義には、生産手段の集積を前提に無条件に生産力を高める労働組織の所有のことであり、広義には、資本家のものである生産手段の集積を前提とするマニュファクチュア的分業の独創性である。これに先立ちマルクスは「マニュファクチュアでは、この群そのものが一つの編成された労働体であって、全体機構はこれらの生産的基本有機体の重複または倍加によって形成されるのである」（S.367；455頁）という。よって、そのことは「労働の生産力を高くする労働組織」をマニュファクチュア的分業に求めているのである。
　マルクスは、『哲学の貧困』においてマニュファクチュアの成立条件を規定していた。「市場の拡大、資本の蓄積、諸階級の社会的地位に突発した変動、その収入の源泉を奪われたおびただしい人間の群、これらはいずれもみな、マニュファクチュアの成立のための歴史的〔前提〕条件である」（Marx［1847］S.152；157頁）。このように、マルクスがいう歴史的条件が整備されたうえで、工場制手工業すなわちマニュファクチュアは、16世紀半ばから18世紀半ばにかけてヨーロッパにて普及した独立的な手工業経営の反対物として発展してきた資本主義的生産過程の一生産形態であった。マニュファクチュアの特徴は、第一に分業にもとづく協業にある、第二に労働者

の手工業的熟練に依存していた、第三に道具の発展である。この第二の生産が労働者の手工業的熟練にかなり依存したマニュファクチュアは、部分労働者が結合した全体労働者によって組織され協業することになる。その一方では、個々の労働が細分化されるがために、道具が特殊化されると同時に生産力が向上したのであった。

　次に、実定法である民法の所有権の解釈を示そう。所有権とは、物の全面的支配の形態のことである。いいかえれば、物を思うままに使用・収益・処分できる権利である。内容としては所有権を担保として金を借りることである。物を担保とすることは、経済組織において資本を手に入れることが緊要なことになるにしたがって、重要な地位を占めるようになる。金融制度は私法的法律関係の最も必要な一つであるが、所有権はこれを通じて金融資本の支配下に入る。金融資本の優越と併存して、担保制度に関して民法制定以来最も多くの特別法が制定されている理由はここに存する。なお、工場その他の企業施設の所有者が労働者を雇用し働かせ、そこから利潤を取得することも所有権の作用の一つに相違ない。そうして工場施設や雇用条件、労働条件に関する法律的制限、及び労働組合と使用者との団体交渉を通じて締結される労働協約などは、いずれも所有権や経営権のこの作用に対する制限を意味するものである。現代日本資本主義社会において所有権は、憲法において強く保護されている反面、その恣意的な行使を公共の福祉のために制限されねばなるまい。憲法第29条はその典型である。

4　第4篇第13章　機械と大工業

　イギリスの工場監督官は次のように言っている。「私の注意は、私の管区の最も重要な工業都市の一つで発行されている地方新聞に出た一つの広告に向けられていた。以下はその写しである。12人から20人までの少年を求める。年齢は13歳として通用するよりも若くないもの。賃金は1週4シリング。照会は云々。」この「13歳として通用する」という文句は、工場法では13歳未満の児童は6時間だけ労働することを許されている。・・・これまで干渉を受けていなかった産業部門での児童労働を工場法が6時間に制限するたびに、いつでも繰り返し工場主たちの苦情が響きわたる。・・・資本は生来一個の平等派なのだから、すなわち、すべての生産部面で労働の搾取条件の平等を**天賦の人権**として要求するのだから、ある一つの産業部門での児童労働の法的制限は、また別の部門でのその制限の原因になるのである。

　　　　　　　　　　　　　　　　　　　　　　　　（S.419；518頁）

一部の親たちが「労働の自由」が支配している産業資本に子供を売りに出していたのであった。子供が大人同様に働かされても、紡績工場の工場主たる資本家は平等に搾取する権利を天賦の人権だという。子供たちは、最も単純な労働としての部分労働であった糸を紡ぐような労働に従事していた。たとえばミュール紡績機は子供の手は小さくてとても柔らかいために糸を紡ぐには適していたのであった。実際、脳生理学では、言語野の所在は6歳を境に固定する。日本人は耳でLとRの区別ができない人が多いが、子供の臨界期が言語野の形成と関係している。また生命への執着は、前頭連合野の働きが完成する10歳である。だから10歳まで子供の自殺は見られない。つまり、児童労働は、「彼の肉体にそなわる自然力、腕や脚、頭や手を動かす」という随意運動が発達した第一次運動野の機能と本能の脳といわれる情動にかかわる大脳辺縁系の働きによるものと考えられる。随意運動とは、反射が刺激に応じて無意識のうちに行われるのに対して、意識的な意思に従って行われるのが随意運動である。随意運動の指令信号を作り出しているのは、大脳皮質の運動野、運動前野、補足運動野と呼ばれる領域である。その機能とは、快不快、怒りや恐怖、喜びなどの本能的感情と筋肉が緊張することなどの身体的反応を示す扁桃体の作用が中心となっている。ゆえに児童労働は、脳は可塑的であるとはいえ、いまだ創造的に労働する前頭葉の機能ではなく、運動と労働の中間に位置する大脳辺縁系の働きが大きく作用していると考えられる。よって児童は、不断に単純労働が強制されていたといえよう。2021年は国連の児童労働撤廃国際年であったために、国際労働機関ILO事務局長であるガイ・ライダーは、児童労働の調査報告書を発表した。報告書によると5歳から17歳までの子供・1億6千万人が全世界で労働に従事しているという。

　機械は、労働者に敵対する力として、資本によって声高く、また底意をもって、宣言され操作される。機械は、資本の専制に反抗する周期的な労働者の反逆、**ストライキ**などを打ち倒すための最も強力な武器になる。（註208）「フリントガラスやびんガラスの製造における雇い主と職工との関係は、一つの**慢性ストライキ**である。・・・」（『児童労働調査委員会。第4次報告書。1865年』262、263頁。）・・・われわれはなによりもまず自動ミュール紡績機を思い出す。というのは、それは新しい一時代を開くものだからである。（註210）フィアベアン氏は機械製造への機械の応用についていくつかの非常に重要な発明をしたが、それは彼自身の機械製造工場で**ストライキ**が起きたためであった。／蒸気ハンマーの発明者ネーズミスは、労働組合調査委員会での彼の証言のなかで、

1851年の大がかりな長期間の**機械労働者ストライキ**の結果、自分が採用した機械の諸改良について、次のように報告している。「われわれの現代の機械改良の著しい特徴は、自動的な道具機の採用である。今日、機械を使用する労働者がしなければならないこと、そしてどんな少年にでもできることは、自分で労働することではなくて、機械のみごとな作業を見張っていることである。・・・ユアは更紗捺染工場で用いられる捺染の機械について次のように言っている。／「ついに資本家たちは、科学の助けを求めることによって、この堪えられない隷属状態」（すなわち彼らにとってやっかいな労働者の契約条件）「から免れようと試みた。そして、まもなく彼らは自分たちの**正当な権利**、身体の他の部分にたいする**頭の権利**を回復したのである。」彼はまた**ストライキ**がその直接の誘因になった。・・・また、機械の急速な発達が労働者にとってどんなに有利であるかを長々と説教したあとで、彼は労働者たちに向かって、労働者は自分の反抗的態度や**ストライキ**などによって自分で機械の発達を早めるのだ、ということを警告している。

（S.459－460；570－572頁）

　ここでマルクスは、資本家の正当な権利と頭の権利とを技術革新に例えている。労働者が生産する自働機械が資本の有機的構成の高度化と剰余価値の生産増大による、労働者の疎外と労働の無内容化、そして雇用合理化を推進するたびごとに労働者がストライキを行使する過程の事例をあげている。自動機械の導入は、資本の有機的構成の高度化に伴う相対的過剰人口の形成、つまり資本主義的人口法則とあいまって機械の操作を見るだけの監視労働にいたる。こうした資本の権利は、労働者の全人格をも支配する権利を獲得することになる。

　日本では、戦後の経済復興に向けて1946年に吉田首相のブレーンとなった労農派の有沢広巳が考案した石炭産業と鉄鋼産業を主軸にした傾斜生産方式がある。有沢は石炭増産を柱に傾斜生産方式を「生産闘争」と呼び、ロシアのネップ（新経済政策）になぞらえながらネップを遂行すべき政治勢力の結集を即時に行うことを力説していた。やがて傾斜生産方式はドッジ・ラインの実施により終止符を打たれることになる。この方式は、日本資本主義の後進性と戦後性の特殊な産物であったといえよう。

　近代マニュファクチュア（これはここでは本来の工場以外のすべての大規模な作業場を意味する）における労働条件の資本主義的節約については、第4次（1861年）及び第6次（1864年）の『公衆衛生報告書』の

なかに公認の最も豊富な材料が見いだされる・・・。「私の第4次報告書」（1861年）「で示したように、労働者の**第一の衛生権**、すなわち、彼らの雇い主がどんな作業のために彼らを集めるにせよ、労働者は、雇い主の力の及ぶかぎり、いっさいの避けられうる非衛生的な事情から解放されているべきだ、という**権利**を主張することは労働者にとって実際には不可能である。　　　　　　　　　　　（S.488－489；605－606頁）

　「私の第4次報告書」（1861年）、『公衆衛生報告書』の執筆者は、枢密院の最高医務官であるドクター・サイモンである。サイモンについて、エンゲルスは「いたるところでブルジョアの利害が彼の義務遂行の第一の障害になっていることを発見し、それと戦わざるをえなかった。・・・人物、したがって、彼のブルジョアジーにたいする本能的増悪は激しく、納得できるものである」と。ではつぎの『公衆衛生　第8次報告書』（1866年）でサイモンの人物像が浮かびあがるであろう。「私の公の観点は、もっぱら医師としてのものであるとはいえ、この弊害の別の面を無視することは、まったく普通の人道からゆるされない。この弊害が度を高めれば、ほとんど必然的に、いっさいの細かい心づかいは無視され、肉体も肉体の諸機能も不潔にごちゃまぜにされ、性的行為はむきだしにされることになり、このようなことは、もはや野獣のものであって人間のものではない」（S.688；858頁）。

　近代マニュファクチュアは、資本家による劣悪でなおかつ凄惨な労働条件のもとにあったとしても、労働安全衛生にかかわる主張は留まることになった。『公衆衛生報告書』のようにエンゲルスの著作『イギリスにおける労働者階級の状態』（1844―1845年）に討究されているところである。とはいえ、ワイマール憲法の「人間に値する生存」（ein menschenwurdiges Dasein）とニューディーラーと呼ばれていたルーズベルト大統領夫人が原案作成に寄与したとされる世界人権宣言に規定されている第23条3項の「人間の尊厳にふさわしい生活」と1947年制定の労働基準法の目的規定である「労働条件は、労働者が人たるに値する生活を営むための必要を充たすべきものでなければならない」とは共通する理念に立っている。この労働基準法は、当初第5章の「安全及び衛生」で使用者の措置義務や安全衛生管理体制を定めていた。しかし、高度経済成長と相まって、労働災害の防止の必要性が労働安全政策としても高まったことにより1972年に労働安全衛生法が整備された。これにより第5章は同法に吸収統合された。労働安全衛生法の立法過程は、労働者にたいする労働災害防止、災害補償や安全配慮の理念からなる総合的な観点から構成されており、主として第7章の2「快適な職場環境の形成のための措置」の3か条が規定されている。

またことに、壮絶な女性労働者の労働条件、公衆衛生などの貴重な記録的著作としては、細井和喜蔵が大正12年起筆し2年後の14年に初版が上梓された『女工哀史』（1954年、岩波書店、370頁）がある。そこには「ああ！憎むべき資本主義は遂に人間を昆虫にまで引き下げた」という一説から推測できよう。

　工場立法が工場やマニュファクチュアなどでの労働を規制するかぎりでは、このことは当初はただ**資本の搾取権**への干渉として現われるだけである。ところがいわゆる家内労働の規制は、いずれも、ただちに**父権**〔patriapotestas〕のすなわち近代的に解釈すれば**親権**の、直接的侵害として現われるので。・・・大工業は古い家族制度とそれに対応する家族労働との経済的基盤とともに古い家族関係そのものを崩壊させるということを、いやおうなしに認めさせ、**子供の権利**が宣言されざるをえなくなった。
　　　　　　　　　　　　　　　　　　　　　　　　　（S.513；637頁）

　ここでの資本の搾取権は天賦人権の概念と通底しているようである。そこでマルクスは資本主義的体制からより高い社会形態にあるアソシエーションを含めて親権や家族制度などを解説するのであった。「資本主義的搾取様式が親の権力を、それに対応する経済的基盤を廃棄することによって、一つの乱用にしてきたのである。資本主義体制のなかでの古い家族制度の崩壊がどんなに恐ろしくいとわしく見えようとも、大工業は、家事の領域のかなたにある社会的に組織された生産過程で婦人や男女の少年や子供に決定的な役割を当てることによって、家族や両性関係のより高い形態のための新しい経済的基盤をつくりだすのである。・・・さまざまな年齢層の諸個人から結合労働人員が構成・・・人間的発展の源泉に一変するにちがいないのである」。（S.514；637－638頁）またここでいう、日本の古典的「古い家族制度」について考察することにする。欽定憲法下の家族制度は、民法上の制度であると同時に忠孝一本の言葉どおり、臣民の生活と公的生活を貫徹する支配秩序の基底を形づくっていた。

　たとえば、家族制度の消滅を断言してはばからなかった梅謙次郎が世を去った年の翌年（明治44年、同年1月に幸徳秋水の死刑が執行された）に、民法学者の京都大学・岡村司についておこなった事件は、家族制度批判に対する政府の態度をよくしめしている。岡村は岐阜県教育会で「親族と家族」と題する講演を行ったが、平田東助内相の訓示「其の家を重んぜよ、門閥を重んぜよ」という言葉をとりあげた、その批判は民法・家族制度まで及んだ。政府は、これをとらえて帝国大学の教授の身で場所柄をも顧みず不謹慎であるとして謹慎処分にしたのである。この前年にはミルの『婦人問題』

が家族制度を崩壊するおそれありとして文部省から絶版を求められたこともあり、当局からの言論・出版に対する圧迫は、厳しかった。(磯野誠一・磯野富士子［1958］『家族制度―淳風美俗を中心として』岩波書店、36頁)
　家族関係における個人の尊厳と両性の平等の精神を規定した憲法24条は、家を否定し、両性の本質的平等と個人の尊厳という3つの憲法上の精神を規定した。これが公序として民法上の家族関係に課す実定法の規定を伴っているのである。いわば、同条はそのような家制度を解体したうえで、近代家族の理念を規定したものと捉えられてよいと考えられる。なお、民法第819条は、親権者として単独親権を規定している。民法改正をめぐり共同親権が2024年5月に導入された。この共同親権の導入は、婚姻制度を定めた1899年の明治民法の施行以来、初めての改正となる。

　1867年8月15日には工場法拡張法が、そして8月21日には作業場規制法〔Workshops' Regulation Act〕が勅裁を得た。前者は大きな事業部門を規制し、後者は小さな事業部門を規制する。・・・この法律で確定されたいくつかの定義をあげておこう。「作業場とは、児童、少年労働者または婦人によって『手工業』が行われるところの、また前記の児童、少年労働者または婦人を従業させるものがその出入および**管理の権利**を有するところの、屋内または屋外のなんらかの室または場所を意味するものとする。」
(S.517-518;642頁)

　作業場の管理の権利を保持する者とは、少なくとも監督労働者以上の工場経営者、広くは資本家ということである。ただし、マルクスはこのことについて「大工場に適用される工場法拡張法は、多くのつまらない例外規定や資本家とのいくじのない妥協によって、工場法よりも後退している」と断言するのであった。(S.518;643頁)工場法は労働者保護法とはいい難い。資本家のための法律であったといえよう。概して法律とは、立法者の意思、国家権力の意思が反映している国策としての政策やイデオロギー的側面を共に作用するがゆえに、総じて実定法の作用に反動化する法の副作用が必ず生ずるものである。

5　第5篇第15章　労働力の価格と剰余価値との量的変動

　1799年から1815年までの期間にイギリスでは生活手段の価格高騰は、生活手段で表される現実の労賃が下がったのに、名目的な労賃引上げを伴った。・・・高められた労働の強度と強制された労働時間の延長のおかげで、剰余価値は当時は絶対的にも相対的にも増大したのである。こ

の時代こそは、無限度な労働日の延長が**市民権**を獲得した時代だったのであり（註15）、一方では資本の、他方では極貧の、加速的な増加によって特別に特徴づけられた時代だったのである（註16）。資本主義的生産様式は、各個の事業では節約を強制するが、この生産様式の無政府的な競争体制は、社会全体の生産手段と労働力との最も無制限な浪費を生みだし、それとともに、今日では欠くことのできないにしてもそれ自体としてはよけいな無数の機能を生みだすのである。　　　（S.551；684－685頁）

　無限度な労働日の延長は、資本家に賛同され容認された、広く俗世間に認められた権利となったのである。現実の労賃は、原著では（die wirklichen Arbeitslohne）となっているが、生活手段の価格が上昇局面であるだけに、実質賃金と意訳して差し支えない。消費物資上昇に伴い、実質賃金、そもそも時間賃金が低下しているのである。したがって後者は名目賃金の引き上げを述べたことになる。名目賃金とは、労働者が受けとる貨幣額であり、名目とは消費物資の価格を考慮していないためである。無限度な労働日の延長とは、日本の労働基準法上の裁量労働制である専門業務型裁量労働制と企画業務型裁量労働制とが2024年4月1日から改正され条件が付加されることになった。いずれにせよ富士通は1994年から主任層約7000人を対象に裁量労働制を骨格とした勤務制度SPIRIT（スピリット）を導入し、働いた時間の報酬ではなく、成果による報酬を支払っていた。富士通の成果主義は、もともとシリコンバレーの企業群がエンジニアを対象にした成果―performanceに応じた報酬を支払っていたのを日本の富士通が導入したものである。そして成果主義は管理職の年俸制からスタートし、裁量労働制と共有させた。この制度は人件費削減を目的としていた。しかも、この指揮命令系統を混沌とさせる労働基準法の労働政策としての裁量労働制は、労働者の裁量に従った労働時間を労使関係で確立したあげく過度な長時間労働をもたらし続けることになる。こうした混沌としたさなかに賃金引き下げをなし時間外労働をみなしとして基本給に含ませる方途が定額残業制である。これらは、はたして市民権をえているのであろうか。労働日の延長による弊害は、自由な労働者が歴史社会に登場して以来今日にいたるまで続いている。

6　第6篇第18章　時間賃金

　「標準労働日」〔"normal working day"〕、「一日の労働」〔"the day's work"〕、「正規の労働時間」〔"the regular hours of work"〕。この限界を越えれば、労働時間は時間外労働となり一時間を度量単位としていくら

第 1 章　『資本論』第 I 巻

かよけいに支払われる（extra pay）。・・・もし労働者がとにかくいくらか満足な労賃を取り出そうと思うならば、いわゆる標準労働時間中の労働の価格が低いために、いくらかよけいに支払われる時間外労働をいやでもしなければならないという形である。労働日の法則的制限はこのような楽しみにも終始与えてしまうのである。(注38)『工場監督官報告書。1863年4月30日』。・・・建築部門で働いていたロンドンの労働者たちは、1860年の**大ストライキとロック・アウト**のときに、事態をまったく正しく評価してただ次のような二つの条件のもとでのみ一時間賃金を承認したいと声明した。　　　　　　　　　　　　　(S.569－570; 709－710頁)

　一時間を度量単位としていることが時間賃金の特性である。「いわゆる標準労働時間中の労働の価格が低いために、いくらかよけいに支払われる時間外労働をいやでもしなければならないという形である」というこの一説を論拠にしてみれば、第4篇第13章の労働力の価値分割が妥当性を帯びている。マルクスはおおよそ、家父長的なことを予想していたのかもしれないのであるが、しかし、「労働力の価値は、個々の成年労働者の生活維持に必要な労働時間によって規定されていただけではなく、労働者家族の生活維持に必要な労働時間によっても規定されていた。機械は、労働者家族の全員を労働市場に投ずることによって、成年男子の労働力の価値を彼の全家族のあいだに分割する。それだから、機械は彼の労働力を減価させるのである。たとえば四つの労働力に分割された家族を買うには、おそらく、以前に一人の家長の労働力を買うのにかかったよりも多くの費用がかかるであろう」。(S.417;515頁) マルクスは、家族構成員の全員が労働市場に投げ込まれることによって、労働力の価値分割が生ずるという。近代マニュファクチュア期の手工業的な熟練労働による成年男子の労働力の価値が、家族の養成に必要なほどの生活水準であった状況から、一変して産業革命期への変化を規定した論理である。つまり、女性も子供も労働市場に動員することで、家族のための必要生活手段がその家族数だけ労働力の価値分割が生じ、その結果個々の労働力の価値が低廉化する作用を述べている。標準労働時間中の労働力の価格が低い、つまり「一時間を度量単位」とする時間賃金が低いことの論拠をここにおいてすでに論及していたのであった。

　標準労働を越えたならば、時間外労働として1時間あたりからのいわゆる時給が発生するが、もともと基本給である労働の価格が低いだけに、公正な生活を営むために自身の意思に反して働かなければならなかったので、公正な一日の労働賃金を獲得するために労働者たちは大ストライキを決行したのである。労働者側のこうした争議態様に対し資本家側の争議態様の手段としてロック・アウトがある。「1860年の大ストライキとロック・ア

39

ウト」が生じてからちょうど100年後にあたる日本では、1960年の三池争議で三井資本が労働者約1200人に指名解雇を通告した際、事業所から閉め出すロック・アウトを実施した。これに対し労働組合側は無期限ストで対抗したのであった。この三池闘争では、三井主婦会も飛躍的発展の機会となって延べ50万人のオルグを越えたのであったが、三井資本に迎合する第二組合を結成して、戦闘性のある闘う第一組合への切り崩しが実施され、社会的相当性のない大量の馘首が余儀なくされた。労働組合法でロック・アウトというのは、使用者が、労働組合に対抗する圧力手段として、労務の受領を手段的に拒否する行為をいう。この効果は、組合員を事業場から締め出すことの可否が論じられるが、これは使用者の施設に対する所有権等の機能であり、その中で労働者の職場滞留がどこまで正当性を認められうるかによる。これに対して、ロック・アウトをめぐる中心的な争点は、労務受領を拒否した使用者が、労働者に対する賃金支払い義務を免れるか否かという問題である。この問題に関する基本的な学説の考え方として、二つの立場が主張された。「労働法的考察」と呼ばれる立場は、使用者の争議行為たるロック・アウト権を承認し、正当性の範囲内であれば賃金支払義務の免除を認める。他方、「市民法的考察」の立場は、使用者に争議権を認める法的根拠がないとして、個別的労働契約における受領延滞の問題として扱い、不可抗力その他の観点から認められた場合には賃金支払義務を否定する。最高裁は前者の立場である。

7　第6篇第19章　出来高賃金

　時間賃金の場合には、わずかな例外を別とすれば、同じ機能には同じ労賃が一般的であるが、出来高賃金の場合には・・・労働者たちの個性を、したがってまた彼らの自由感や独立心や自制心を発達させ、他方では労働者どうしのあいだの競争を発達させるという傾向がある。それゆえ、出来高賃金は、個々人の労賃を平均水準よりも高くすると同時にこの水準を低くする傾向があるのである。・・・雇い主たちがそれをむりやりに時間賃金に改めることに逃げ場を求めたということも、例外にはあった。たとえば、1860年にはこれに反対してコヴェントリのリボン織工の**大ストライキ**が起きている。　　　（S.578－579; 720－721頁）

　マルクスは、労働力の使用価値には個人差があることを前提にして論理を展開している。つまり、個々の労働者の個性と心理につけこんだ出来高賃金の特性である属人給の要素を鑑みれば資本家はどうしてもコストがよ

り安価な時間賃金に戻したくなる。こうなると平均より高い出来高賃金を維持しようとする労働者はストライキで資本家と闘わざるをえなくなる。それゆえ、マルクスがいうように「出来高賃金は資本主義生産様式に最もふさわしい労賃形態だということがわかる。・・・大工業の疾風怒濤の時代、ことに1797年から1815年までは、出来高賃金は労働時間の延長と労賃の引下げとのための槓杆として役立っている」と指摘している。(S.579－580;721－722頁)総じて賃金形態は、労働日が支払労働と不払労働とに分かれているいっさいの痕跡を抹消してしまい、搾取を覆い隠すのである。

　日本において、出来高賃金の一例は、タクシー運転手、保険外交員、家内労働の内職などがある。その一方で年功制賃金の全廃と労働者の競争、労働の格付に資する富士通が人事考課を駆使した成果主義賃金を導入したのであった。これに同調するかのように2001年日経連は春闘方針で成果主義賃金の徹底を求めていた。また、同一労働同一賃金の原則がある。賃金は労働力の価格であるが、労働の価格のように見えるために同一労働同一賃金の原則は、同一労働力同一賃金の原則をその現象形態でとらえて同一労働同一賃金の原則として、かつて労働組合のスローガンとしたものである。平等原則、すなわち、経済民主主義に立脚すれば、どんな労働組合であろうとも、まず同一労働を専決にした条件のもとでの同一賃金支払の原則とし、くわえて剰余労働まで支払うことを資本主義企業との団体交渉で締結し労働協約とすることである。同一価値労働同一賃金は、男女の同一価値の労働に対する同一賃金を保障するILO設立の根拠とされたヴェルサイユ条約で宣言されたものであり、アメリカで提唱されたコンパラブル・ワースやカナダのペイ・エクイティと同義とされている。日本は、労働基準法第4条で男女同一賃金の原則を規定し、1967年ILO100号条約に批准している。ただし、実効性があるかどうかはまた別問題である。マルクスは、第20章の「労賃の国民的相違」では、国際価値論という視座では、同種商品を生産する労働の強度によって賃金格差と労働生産性の格差をわざわざ引き起こすのである。「労働の生産性についても労働の内包的な大きさについても測度器になるのは出来高賃金だけだからである」とし、「世界市場ではそうではない。・・・したがって、名目賃金、すなわち貨幣で表現された労働力の等価も第一の国民のもとでは第二の国民のもとでよりも高いということになる」(S.583－584;727－728頁)。時間賃金から出来高賃金を測度器としたうえで、イギリスと大陸の労働者の賃金格差を論じることは、本書第3章『ゴータ綱領批判』で述べる不平等の権利となりうるし、熟練労働と単純労働との格差や個々人の差異を『資本論』の理論体系で認めてよいのか疑問は残る。さらにまた、資本家と賃金労働者には雇用契約がある。契約とは相対立する2つ以上の意思表示の合致によって成立する法律行為である。契約自由の原則とは、私人の契約による法律関係については私人自

ら自由な意思に任されるべきであって国家は一般的にこれに干渉すべきではないとする近代私法の原則のことをいう。このように契約を重視するのが民法なのであるが特別法としての地位に労働契約法がある。同法は「労働法学者35名の共同声明」で、「契約法理に死を宣告する契約法」（『労働法律旬報』2007年、No.40）とまで呼ばれたほどである。労働契約法に基づく賃金格差を容認することは、同一労働同一賃金の原則に反することになりかねない。

8　第7篇第21章　単純再生産

　社会的立場からみれば、労働者階級は、直接的労働過程の外でも、生命のない労働用具と同じに資本の付属物である。労働者階級の個人的消費でさえも、ある限界のなかでは、ただ資本の再生産過程の一契機でしかない。・・・ローマの奴隷は鎖によって、賃金労働者は見えない糸によって、その所有者につながれている。賃金労働者の独立という外観は、個々の雇主が絶えず替わることによって、また契約という犠牲によって、維持されるのである。/以前は、資本は、自分にとって必要だと思われた場合には、自由な労働者にたいする**自分の所有権**を強制法によって発動させた。たとえば、機械労働者の移住はイギリスでは1815年に至るまで重刑をもって禁止されていた。・・・『タイムズ』（1863年3月24日号）は、マンチェスター商工会議所の前会頭エドマンド・ポッターの一つの書簡を公表した。彼の書簡は、適切にも、下院では「工場主宣言」と呼ばれた。ここでは、その中から労働力にたいする**資本の所有権**があからさまに表明されているいくつかの特徴的な箇所をあげておこう。

　（すなわち綿業工場主）「は、自分の労働供給が取り去られるのを見て喜んではいられない。・・・雇い主には、**意見を述べる権利**があり、また、おそらくは**抗議する権利**があるであろう。」（S.598－600；746－747頁）

　労働者階級は、直接的労働過程の外でも、資本の付属物として日々楔につながれ、場合によっては強制法規で拘束されるのである。かくして、二重の意味で自由な労働者の個人的消費も常に資本の生産及び再生産の一契機となって体現されることや、資本家は労働者に対する所有権を取得し、また雇い主には、「意見を述べる権利」があることが、ここで論及されている。最後にマルクスは「資本主義的生産過程は、関連のなかで見るならば、すなわち再生産過程としては、ただ商品だけではなく、ただ剰余価値だけ

ではなく、資本関係そのものを、一方には資本家を、他方には賃金労働者を、生産し再生産するのである」と述べている。（S.604;753頁）

9　第7篇第22章　剰余価値の資本への転化

　最初は、**所有権**は自分の労働にもとづくものとしてわれわれの前に現れた。・・・所有は、今では、資本家の側では他人の不払労働またはその生産物を**取得する権利**として現われ、労働者の側では彼自身の生産物を取得することの不可能として現われる。所有と労働の分離は、外観上両者の同一性から出発した一法則の必然的な帰結になるのである。・・・だから、貨幣の資本への転化は、商品生産の経済的諸法則とも、そこから**派生する所有権**とも、最も厳密に一致して行われるのである。・・・各々の交換行為―個別的に見たそれ―で交換諸法則が守られるかぎり、取得様式は、商品生産に適合した**所有権**には少しも触れることなしに、徹底的な変革を経験することができる。　（S.609－613；760－764頁）

　ここでは、労働者の生産物の取得から資本家の生産物の所有権へと所有が一変された論理となっている。所有権は第一に生産した労働者によるものであった。しかし資本家的所有となれば第二に労働者の不払労働と生産物を取得する所有権が生ずる。つまり所有と労働の分離、すなわち資本主義的生産様式ではそれらが一変し労働力と生産物のすべてが資本家の所有になる。これは生産手段を私的所有する資本家的所有にもとづく根源的問題である。領有法則の転回についてマルクスは述べ次いで眼光紙背に徹した解説をする。「商品生産がそれ自身の内在的諸法則に従って資本主義的生産に成長してゆくにつれて、それと同じ度合いで商品生産の所有法則は資本主義的取得の諸法則に一変するのである」(S.613;765頁)。この論理を整理すれば、もともと資本主義的剰余価値の取得関係は、マルクス自身が明確にしていたように、労働力の商品化によって生産関係、資本賃労働関係が特殊な歴史的階級社会の成立が本源的蓄積を機に生じ同時に領有法則によって、また資本に所有権を与えることになった。よって、貨幣の資本への転化は、商品生産の経済的諸法則となり、それは資本主義的生産の機構によってはじめて解明されるのである。資本主義的生産のもとでの所有の発展過程の様相は、『哲学の貧困』においてすでにマルクスが、次のように示唆していた。「所有は、それぞれの歴史的時代に、それぞれ別様に、しかも全然異なる一連の社会的諸関係のなかで、発展してきた。それゆえ、ブルジョア的所有に定義をくだすことは、ブルジョア的生産の社会的関係の

すべてを説明するにほかならない」と。

(Marx［1847］S.165;171－172頁)

　資本家は、ただ人格化された資本であるかぎりでのみ、一つの歴史的な価値とあの歴史的な**存在権**、すなわち、才人リヒノフスキーの言葉で言えば、日付のないものではない**存在権**をもっているのである。ただそのかぎりでのみ、彼自身の一時的な必然性は資本主義的生産様式の一時的な必然性のうちに含まれるのである。・・・価値増殖の狂言者として、彼は容赦なく人類に生産のための生産を強制し、したがってまた社会的生産諸力の発展を強制し、そしてまた、各個人の十分な自由な発展を根本原理とするより高い社会形態の唯一の現実の基礎となりうる物質的生産条件の創造を強制する。ただ資本の人格化としてのみ、資本家は尊重される。

(S.618;771頁)

　この歴史的な存在権とは、資本主義的生産様式のなかで資本家としての存在であり、その存在を資本家自身が意識しているのである。資本家は、剰余価値の所有者と生産物の所有者となって現れ、マルクスがいう価値増殖の狂言者が資本の人格化した資本家であり、人狼的渇望をもった価値増殖の狂言者だからこそ資本主義たらしめる存在権を堅持するのである。資本の人格化とは擬人化、化身でもある。擬人観とは、人間の姿や性質になぞらえて自然の諸現象、世界の成立を説明する見方である。たとえば、風が吹くのは風の神のしわざ、神は人間の姿をしていると考えたりする。宗教の擬人観を哲学的に批判し暴露したのは唯物論者のフォイエルバッハであった。

10　第7篇第23章　資本主義的蓄積の一般的法則

　相対的過剰人口または産業予備軍をいつでも蓄積の規模およびエネルギーと均衡を保たせておくという法則は・・・。資本の蓄積に対応する貧困の蓄積を必然にする。だから、一方の極での富の蓄積は、同時に反対の極での、すなわち自分の生産物を資本として生産する階級の側での、貧困、労働苦、奴隷状態、無知、粗暴、道徳的堕落の蓄積なのである。・・・かのヴェネッチアの僧は、貧困を永久化する神慮の定めのうちに、キリスト教的慈善や独身や修道院や聖堂の存在理由を見いだしたいのであるが、それとは反対に、このプロテスタントの牧師は、この定めのうちに、ほんのわずかばかりの**公の補助を受ける権利**を貧民に与えた法律

を非難するための口実を見いだすのである。　（S.675−676；840−842頁）

　マルクスは、資本主義的人口法則論を基礎にして労働者の貧困がながらく蓄積することによる窮乏化論を理論的に明らかにしようとしていた。『資本論』の恐慌論に通ずる相対的過剰人口の形成は、不断に資本の有機的高度化を伴う労賃上昇による利潤圧縮や産業間の需給困難が相対的過剰人口の形成と吸収と反発を繰り返す周期的な産業循環の基礎として提示されている。これらをマルクスは「労働者階級の極貧層と産業予備軍とが大きくなればなるほど、公認の受救貧民もますます大きくなる。これが資本主義的蓄積の絶対的な一般的法則」と規定する。窮乏化論は、その後のベルンシュタインとカウツキーによる窮乏化論争に発展してゆく。カウツキーは『ベルンシュタインと社会民主的綱領』（1899年）のなかで生理的貧困（絶対的窮乏）と社会的貧困（相対的窮乏）を区別しながら、絶えず増大するものは生理的貧困ではなく社会的貧困であると主張した。これに対し、ベルンシュタインは『社会主義の諸前提と社会民主党の任務』（1899年）において、マルクスの窮乏化論を全面的に否定し、修正主義の端をひらいた。日本では、労働力の価値以下説を提唱した岸本英太郎が労賃の視座から窮乏化論を展開した。

　こうした窮乏化論争から一端離れて「公の補助を受ける権利」に比類するセツルメント運動の概要を見てゆくことにしよう。イギリスでは、社会事業に根差す運動の一つに、貧困の社会性の認識に到達したソーシャル・セツルメントがある。イギリスオックスフォード大学の学生が産業革命後の労働者の悲惨な生活状況にたいするヒューマニズムの思想をもとに、労働者街に住み込んで生活扶助を行ったことに端を発する。この運動は1884年のトインビー・ホールの創設を機に本格的運動としてエドワード・デニソンらによって活発に展開され、教育、育児、授産などの慈善事業と貧民問題を解消するものであった。日本では、明治初年にこの運動は宣教師により始められていた。

　そこで日本国憲法第25条1項の生存権規定は、「すべて国民は、健康で文化的な最低限度の生活を営む権利を有する」。この「健康で文化的な最低限度の生活」とは、「人間の尊厳にふさわしい生活」（世界人権宣言第23条3項）と共有する概念である。それはまた、ワイマール憲法の「人間に値する生存」（ein menschenwurdiges Dasein）と同義に及んで、国民の社会福祉、社会保障及び公衆衛生の向上の増進に資する責務を規定している。戦後、GHQは、生活保護の国家責任、公私分離、困窮者の反保護の無差別平等、必要な保護費に制限を加えないことを受けて成立させたのが旧生活保護法であった。その後、1947年には労働者災害補償法、失業保険法が制定され国際的な枠組みで整備した。1950年には公的扶助と受給の権利を柱に生活保

護法が改正された。これに先立ち1947年の児童福祉法、1949年には身体障害者福祉法が制定され、生活保護法とともに福祉三法を整備した。そのほか公衆衛生関係では、精神衛生法と結核予防法により法的保護をした。これらの法的整備を社会保障や社会福祉給付によるものとは別途に考えてみれば、平和として生きる権利を広く拡充すべく平和憲法の法意が含まれているものであるから、平和的生存権をもナショナル・ミニマムやシビル・ミニマムとして保障すべき範疇であると考えられよう。

　近代社会のどの時期を見ても、最近二〇年間ほど資本主義的蓄積の好都合な時期はない。・・・なぜならば、イギリスは世界市場で第一を維持しているからであり、資本主義的生産様式が十分に発展しているのはただここだけだからであり、そして最後に、1846年以来の自由貿易の至福の千年王国の実現が俗流経済学者の最後の退路を遮断したからである。・・・資本の蓄積は同時に資本の集積と集中とをともなった。・・・（註100）「現在、1867年3月には、インド＝シナ市場は、イギリス綿業者の託送によって再びすでにまったく供給過剰になっている。1866年には綿業労働者のあいだで5％の賃金引下げが始まり、1867年には同様な処置のためにプレストンでは**20,000人のストライキ**が起きた。」〔これは、それに引き続いて起きた恐慌の前奏曲だった。──F・エンゲルス〕

（S.679－680；846－849頁）

　イギリスが、世界市場で第一を維持していたのは、7つの海を制覇する、世界の工場となりえ、パックス・ブリタニカと言われたその意義がここに提示されている。すでに『共産党宣言』では、「大工業は、すでにアメリカの発見によって準備されていた世界市場を作りあげた。世界市場は、商業、航海、陸上交通にはかり知れない発展をもたらした」(Marx, Engels [1848] S.463；477頁)というこの一説にたいして、デヴィッド・ハーヴェイがグローバリゼーションを説明するうえで「『共産党宣言』のはじめのところに書いてある」と指摘した箇所である。著者たちは、この時期に世界経済の全球化を俯瞰していたかのようである。

　本文の資本の集積とは、個別資本が自ら獲得した剰余価値の蓄積を介して資本として投資し絶対的に規模拡大することである。これに対して、資本の集中とは、これまで独立して機能していた複数の個別資本が自立性を失って大規模な個別資本となる。すなわち、企業の集中形態と株式会社の形成という形態に大別される。マルクスは続いて、「労働者階級は、相変わらず『貧乏』で、ただそれが有産階級のために『人を酔わすような、富や

力の増加』を生産したのに比例して『貧しさを少なくした』だけだとすれば、労働者階級は相対的には相変わらず貧乏なのである。・・・最後に労働者階級の幸福を次の言葉に要約する。『人生は十のうち九までは単なる生存のための闘争である』・・・「公認の受救貧民は、労働者階級のなかでも労働力の販売という自分の生存条件を失って公共の施し物で露命をつないでいる」（S.679－683;846－852頁）。かくして、窮乏化した労働者は、グラッドストンの幸福の言葉に従って、生存のために闘うストライキによって対抗せざるをえなくなった。なお、本章第5節「資本主義的蓄積の一般的法則の例解」a～dまでを窮乏化論の例解として読むならば『資本論』第7篇第24章の「否定の否定」（S.791;995頁）がより理解しやすくなるであろう。

11　第7篇第24章　いわゆる本源的蓄積

　資本主義的蓄積に先行する「本源的」蓄積（アダム・スミスの言う「先行的蓄積〔"previous accumulation"〕、すなわち資本主義的生産様式の結果ではなくその出発点である蓄積を想定するよりほかはないのである。・・・ティエール氏はかつてあんなに才智に富んでいたフランス人に向かって、**所有権**〔"propriété"〕の擁護のために、また大まじめに聞かせるのである。ところが、ひとたび**所有権**の問題が舞台に現れれば、・・・産業資本家たち、この新たな主権者たち自身としては、同職組合の手工業親方だけではなく、富の源泉を握っている封建領主をも駆逐しなければならなかった。・・・彼らの興起は、封建的勢力やその腹だたしい**特権**にたいする戦勝の成果として・・・（註189）「資本主義的生産が最も早くから発達しているイタリアでは、農奴制諸関係の解体も早くから起きている。ここでは農奴は、土地の長期使用によって土地にたいするなんらかの**権利**をまだ確保しないうちに、解放されてしまう。だから、彼の解放はたちまち彼を無保護なプロレタリアにしてしまい、そのうえに、このプロレタリアは、たいていはローマ時代から続いてきている都市に早くも新しい主人ができているのを見いだすのである。・・・」

（S.741－744;932－936頁）

　『資本論』第1巻補論といわれる本源的蓄積論（原蓄論ともいう）は、必ずしも労働論や権利に関する視座からは補論とはならず、国家権力を発動した土地囲い込み運動の過程と、トマス・モアの『ユートピア』のなかの「羊

が人間を食い尽くす」ということの由来を解き明し、さらに無産労働者が賃金労働者にいたる歴史的過程を資本家の所有権をもって原理的に解明したのが第二四章である。主権者たる産業資本家は所有権を封建領主から漸進的に奪いはじめていた。イタリアでは、農奴制諸関係がいち早く解体されその農奴が法外に扱われた結果、無保護なプロレタリアとなって形成されてゆく紀元前からのパックス・ロマーナが想起される。しかも本章では興味深い一説につきあたる。「本源的蓄積の歴史のなかで歴史的に画期的なものといえば、形成されつつある資本家階級のために槓桿として役立つような変革はすべてそうなるのであるが、なかでも画期的なのは、人間の大群が突然暴力的にその生活維持手段から引き離されて無保護なプロレタリアとして労働市場になげこまれた瞬間である」。(S.743;935頁) まさに、このことはvogelfreiな労働者である。この土地囲い込み運動では、「共同地囲い込み法案」〔"Bills for Inclosures of Commons"〕という人民収奪の法令を強行した。それは共同地の暴力的横領によって多くの農民の耕地が牧場化したのであった。このような本源的蓄積による土地の囲い込みが実際、日本の沖縄で起こっていた。沖縄では、「土地収用令」によって農民の農地を暴力的に横領したのである。米軍は、装甲車、機関砲で土地や家屋を暴力的に接収、横領して多くの水田やサトウキビ畑などの耕地を米軍基地建設のために強制的に変えさせたのである。米軍のために軍用地化して過重負担を残し農民生産者から土地の生産手段を強制的に切り離して、沖縄の農民や労働者の保護もせず「無保護なプロレタリア」にしたのである。沖縄の米軍基地への土地収用令は、まさしくイギリスに典型的な本源的蓄積である生産者と生産手段との「歴史的分離過程」が共同地囲い込み法案によって容赦なく土地を略奪した囲い込み運動にほかならない。かくして沖縄における銃剣とブルドーザーによる土地収用令を強行した駐留米軍基地への土地収奪と、イギリスによる暴力的に行われた農民の土地収奪による牧場化とが通底しているのであった。

　イギリスでは、農奴制は14世紀の終わりごろには事実上なくなっていた。・・・/当時は、そして15世紀にはさらにいっそう、人口の非常な多数が自由な農民からなっていた。たとえ彼らの**所有権**がどんなに封建的な看板によって隠されていたとしても。・・・資本主義的生産様式の基礎をつくりだした変革の序曲は、15世紀の最後の三分の一期と16世紀の最初の数十年間に演ぜられた。・・・ブルジョア的発展の一産物だった**王権**は、**絶対的王権**の追求にさいして家臣団の解体を強行的に促進したとはいえ、けっして唯一の原因ではなかった。・・・大封建領主は、土地にたいして彼自身と同じ**封建的権利**をもっていた農民をその土

地から暴力的に駆逐することによって、・・・大きなプロレタリアートをつくりだしたのである。 (S.744－747;936－938頁)

　マルクスは、資本主義の発生の内実を史実に即して本源的蓄積を解明する。ブルジョア的発展の所有権とその一産物だった王権や絶対的王権、そして大封建領主が封建的権利を全面的に行使して農民が暴力的に駆逐され自由な農民からプロレタリアにいたる過程と、発生期の資本主義における特性を名実ともに明らかにしている。本源的蓄積における歴史的に画期的なものといえば、農村の生産者である農民からの土地収奪の全過程である。マルクスはいう。「囲い込みによって生じた新たな領地はたいてい牧場に変えられている。その結果、以前は1,500エーカーも耕作されていた領地で今では50エーカーも耕作されていないものがたくさんある。・・・4人か5人の富裕な牧畜業者が大きな最近囲まれたばかりの領地を横領しているのを見ることに少しもめずらしいことではないが、これらの土地は以前は20人から30人の借地農業者や同じくらいに多数の比較的小さい所有者の手にあったのである。すべてこれらの人々は自分の家族と一緒に、また自分が使用して養っていた他の多くの家族とも一緒に、自分の土地から投げ出されたのである」。(S.753－754;948頁)

　民衆の暴力的な収奪過程は16世紀には宗教改革によって・・・カトリック教会は、宗教改革の時代にはイギリスの土地の一大部分の封建的所有だった。・・・法律によって貧困農民は保証されていた教会の十分の一税の一部分の**所有権**は、ことわりなしに没収された。・・・エリザベス女王は・・・彼女の治世の第四三年には、ついに救貧税の実施によって受救貧民の存在を公式に認めざるをえなくなった。(註195)「十分の一税の配分をうけるという**貧民の権利**は、古来の諸法令の趣旨によって確立されている。」(タケット『労働人口の過去および現在の状態の歴史』第2巻、804、805頁。) (S.749;942頁)

　まずはじめに宗教改革について補整しておく。16世紀のヨーロッパに起こった宗教上の変革運動のことである。福音主義を唱えてカトリックの伝統的教義と対立したがルターは『聖書』の権威を主張してローマ教皇の教義上の権威と公会議の無謬性を否定し、プロテスタント神学を確立した運動の総称のことである。マルクスは、宗教改革の混乱を除去することが共産主義宣伝の第一の前提であることをプルードンに指摘していた。それ以前の問題として、1846年にプルードンは、マルクスからの親書を受け取り、その際、ブリュッセルの共産主義通信員としての提案をことわってしまっ

た。プルードンは、マルクスにたいして、革命的闘争手段や共産主義に反対するものだと断ったのであった。この点を機にして彼らの決裂の要因となった。

　囲い込み運動の過程では、土地を失った農民や貧民に対するイギリスの国家的対策としての救済・労働立法政策が整備された1349年の救貧法がある。この法律は、救貧事業として乞食や浮浪者を禁じ、違反者を処罰したため、実定法としての効力は、救済より抑圧の法的性格を有していた。救貧法により「貧民バスティーユ・窮民授産場」が建設され、そこでは窮乏は窮乏者の罪とみなされ、窮乏者なるがゆえに罰せられた。1531年法は、労働能力を有する乞食を荷車の後部につけて引き回し、血の出るまで鞭打ち、浮浪再犯者は片耳を、3犯者は他の耳を切るなど、厳しく処罰した。1536年法は、浮浪3犯者は重罪犯人および公共の敵として死刑に処することを決めた。また貧民対策費の強制課税があり、後のエリザベス救貧法の基本原則となった。1547年法は、浮浪者を奴隷として使役した。（高島進［1995］『社会福祉の歴史―慈善事業・救貧法から現代まで』ミネルヴァ書房、30－32頁）1601年のエリザベス救貧法は20世紀にいたる基本法であるがゆえに、救貧税を貧民に課税していた。一方、中世ローマ教皇は貧民の農業生産物の十分の一税を収入の一部にしていた。ここでは、エリザベスの救貧税とあわせて古典派経済学のD.リカードゥの十分の一税を考察する。第一に救貧税である。救貧税（poor rate、一種の固定資産税）は、行政組織の基礎にはかつての宗教単位であった教区が用いられ、そこに貧民監督が教区の規模により2～4名ほど任命され、教区委員と協力して救貧税の徴収と救済事務遂行の責任事務の責任を負わされた。教区の救済の指揮監督は国王の手足として地方行政に携わっていた治安判事が負い、彼らを通して枢密院が掌握していた。また貧民は、労働能力貧民、労働不能貧民及び児童とに分け、これらは労働能力の有無にしたがって分類されていた。その後、1843年には救貧法が改正され新救貧法が制定された。つまり、救貧税は救貧法を典拠にして課税させたのであった。第二は十分の一税である。イギリス古典派経済学のD.リカードゥの主著『経済学および課税の原理』（1817年）「第11章十分一税」の冒頭では「十分一税は、土地の総生産物に対する租税であって、原生産物にたいする租税と同様に、もっぱら消費者の負担になる。それは地代にたいする租税と異なっているが、その訳は、それが地代にたいする租税の及ばない土地に影響を与え、また地代にたいする租税が変更させることのない原生産物の価格をひき上げるからである」（堀経夫訳［1972］雄松堂書店、204頁）と見解を示している。つまり、教会が農民から取り立てた租税のことである。歴史的には10世紀頃から世俗の領主が農作物に課した封建的賦課であった。リカードゥの示唆にしたがえば、商品価格に十分の一を課税した日本の消費税10％は消費者の過重負

担となっているに相違なく増税は消費生活の負担を増大して生活困難にする一方となる。総じて、救貧税と十分の一税とは、民衆の課税負担が重圧となって生活過程を困難にするものとなっていた。こうした納税制度に見る法的な課税問題は、国策を租税でまかなう反作用として、今日なお当面するほとんどさまざまな立法、行政機関による財源確保の諸問題が社会問題に拡充され一斉につくりだしているのではなかろうか。いずれにせよ租税で人間的生活の保障が拡大するわけではなく、その反対に租税が結局のところ増税となりしたがって、民衆の生活保障が小さくなるばかりで生活を不安定にする増税政策には、批判を呈するほかあるまい。日本の憲法第30条所定で租税は国民の義務とし、租税法律主義を第84条で規定している。課税は、概して、国税という租税を国是とするならば、公共サービスが人々に公正かつ公平、均等に分配ないし還元されているのかが問題となろう。国家行政機関の租税を当為的に監視せねばなるまい。グローバル企業にはタックスヘイブン対策税制が空洞化となっていて歯止めのない租税回避地となっていないだろうか。その他、防衛費予算は10年連続で増え続け2022年から5年間の防衛費を GDP 比2％以上の43兆円とした。こうした軍事費の増額は、自衛隊存続の温床となる一方となり国民が負担する所得税増税で支出するしくみとなっている。こうしてみると、比較にはならないが、ケインズがハーヴェイロードの前提に立って論決した「金利生活者の安楽死」から派生した、ケインズ学派のトービンが提唱したトービン・タックスの発想は首肯しえる外国為替取引税であると考えられる。

「**神聖な所有権**」にたいするどんなにあつかましい冒瀆でも、人間にたいするどんなにひどい暴行でも、それが資本主義的生産様式の基礎を築くために必要だとあれば、経済学者はストア派的な冷静さでそれを考察するのであるが、なかでも、この冷静さをわれわれに示しているのは、そのうえになおトーリー党的に染めあげられており「博愛家」でもあるサー・F・M・イーデンである。・・・／最後に、農耕者から土地を取り上げる最後の大がかりな収奪過程は、いわゆる地所の清掃（Clearing of Estates—実際には土地からの人間の掃き捨て）である。・・・／スコットランド高地のケルト人は氏族から成っていて、氏族はそれぞれ自分の定住している土地の所有者だった。イギリス政府がこれらの「グレート・マン」たちの内部戦争やスコットランド低地平原への彼らの絶えない侵入を抑圧することに成功してからも、氏族の首長たちは彼らの昔からの盗賊稼業を決してやめなかった。・・・彼らは自分自身の権威によって彼らの**名目的所有権**を**私有権**に変えた。そして、氏族員たちの反抗に

ぶつかったので、彼らは公然の暴力で氏族員たちを追い払おうと決心した。「イギリスの王ならばこれと**同じ権利**で自分の臣民たちを海中に追い込むことができるだろう」。　　　　　　　　　（S.756－757；951－953頁）

　私有権とは私的所有権のことでもある。『ドイツ・イデオロギー』では、国家と権利や私的所有についてすでに解説していた。「現代的私的所有に対応するのが現代的国家であって、この国家は税をつうじてしだいに私的所有者たちに買いとられ、国債制度をつうじてすっかり彼らの掌中に落ち、その存在は取引所での国債証券の騰落というかたちで、私的所有者であるブルジョアが国家に与える商業信用のいかんにすべてかかることになった。・・・私的権利は私的所有と同じ時に自生的な共同体の解体から展開する。・・・はじめイタリアで、ついで他の諸国で工業と商業が私的所有をいっそう発展させるやいなや、完成されたローマの私的権利〔私法〕（ことに動産所有の場合）をいっそう完全なものに仕上げてゆくためにとりこまざるをえなかった。・・・フランスでは16世紀に─権利のほんとうの発展がはじまった。この発展はイギリスを除いたあらゆる国々でローマ法典を土台としておこなわれていった。・・・私的権利〔私法〕において現存の所有関係は一般的意思の結果である」。（Marx,Engels［1845－1846］S.62－63；58－59頁）本文にある「共同体の解体」については、『資本論』の市場経済外生説（Marx［1967］S.102；118頁）が考察基準であるから、その先駆けの著作である。私的所有はローマ法典を皮切りに、私法の意思主義がイタリアからフランスに敷衍していたのであった。総じて、日本資本主義市場経済の端緒から現代の経済危機と再編成の裏側を私的所有にもとづく私的権利を法的側面から追及し基礎的素養を与えてくれている。

　イギリスの独立自営農民であるヨーマンリーや農耕者の土地は、共同土地や人民共有地などといった神聖な所有地であった。産業革命のほぼ完了期になされたスコットランドでの土地清掃は、グレート・マンがたとえ私有権にかえても神聖な所有権によって、イギリスにおける土地の収奪過程の頂点となった。これによりイギリス全州を牧羊場にかえて、賃金労働者制度の導入までの過程が明らかとなる。「住民がすでに15,000に減っていた全州を牧羊場に変えてしまうことにした。1814年から1820年までこの15,000の住民約3,000戸の家族は、組織的に追い立てられて根絶やしにされた。彼らの村落は残らず取りこわされて焼き払われ、彼らの耕地はすべて牧場に変えられた。イギリスの兵士がその執行を命ぜられ、土着民と衝突することになった。一老夫婦は小屋をさることを拒んで、その火炎に包まれ焼け死んだ。・・・こうして、暴力的に土地を収奪され追い払われ浮浪人にされた農村民は、怪奇な恐ろしい法律によって、賃金労働者の制度に必要な訓練を受けるためにむち打たれ、焼印を押され、拷問されたのである」

(S.748;953頁）これに比類するのが、前述した沖縄返還協定をめぐる沖縄県と国家・政府との間では、駐留軍用地を争点にした対立関係が先鋭化してゆくのであった。国家権力によって、銃剣とブルドーザーで、そして立法政策と裁判過程の手法で沖縄を囲い込み追い込んでいった。日米安全保障条約に基づく駐留軍用地特措法を根拠法にすえて、公用地暫定使用法と地籍明確化法の3つの法律を成立させた。同諸立法により、駐留米軍基地を使用するための弥縫策的な土地収奪3立法を整備して沖縄県にだけ特別に適用した。この延長上には、辺野古新基地建設をめぐる国家が果たすべき地方自治法第245条の8で規定した法定受託事務につき、各大臣の処分に違反し、公益を害するとして、国家は遂に代執行に踏み切った。この代執行は、沖縄県民の神聖な共有地を奪い、県民の意志に反するものであると知りえていたうえで、国家はすでに辺野古新基地建設への着工をおし進めている。

　このような、無保護なプロレタリアートは、それが生み出されたのと同じような返さでは、新たに起きてくるマニュファクチュアによって吸収されることができなかった。・・・彼らは群をなして乞食になり、盗賊になり、浮浪人になった。・・・こういうわけで、15世紀の末と16世紀の全体とを通じて、西ヨーロッパ全体にわたって浮浪にたいする血の立法が行われたのである。・・・エドワード6世。その治世の第一年、1547年の一法規は、労働することを拒むものは彼を怠惰者として告発した人の奴隷になることを宣言される、と規定している。・・・主人は自分の奴隷にどんないやな労働でもむちと鎖とでやらせる**権利**をもっている。・・・だれでも浮浪人からはその子供を取り上げて、男は24歳まで、女は20歳まで徒弟にしておく**権利**がある。（S.761－764;959－961頁）

　血の立法の概要を示そう。「イギリスではこの立法はヘンリ8世の治下ではじまった。ヘンリ8世。1530年。老齢で労働能力のない乞食は乞食免許を与えられる。これに反して、強健な浮浪人にはむち打ちと拘禁とが与えられる。彼らは荷車のうしろにつながれて、からだから血が出るまでむち打たれ、それから宣誓をして、自分の出生地か最近3年間の居住地に帰って『仕事につく』（to put himself to labour）ようにしなければならない。・・・エリザベス、1572年。鑑札をもっていない14歳以上の乞食は、2年間彼らを使おうとする人がいなければ、ひどくむち打たれて左の耳たぶに焼き印を押される。・・・同様な法規としては、エリザベス第18年の法律第13号があり、また1597年のものがある」（S.762－764;960－961頁）。これら血

の立法は、乞食、老人、無力な労働者と子供に向けられた強行法規、弾圧法規となって無辜な人々まで凄惨な体罰を認めた非人間的な立法である。このような非人道的な行為を認めた権利が当時は公認というよりも、絶対主義的な専制政治による無制限な権力を駆使してその地位の権限を自由にふるっていた。血の立法は無謀にも、しかも労働不能な人々でさえ強制的に働かせるために暴力を行使した。しかも、マニュファクチュアになれない人々に対して体罰を認めたこの立法によって浮浪人や奴隷、または徒弟にしてしまい暴力的で非人間的に子供まで誘拐していったのである。その意味で血の立法とは、人間の血がかよっていない立法のことをいうのであろう。

　賃金労働に関する立法は、もともと労働者の搾取をねらったもので、その歩みはいつでも同様に労働者に敵対的なのであるがこの立法は、イギリスでは1349年のエドワード3世の労働者法〔Statute of Labourers〕から始まる。フランスではこれに対応するものは、ジャン王の名で布告された1350年の勅令である。・・・/1360年の法令は、刑罰をいっそう厳格にして、さらに肉体的強制によって法定賃金率で**労働をしぼり取る権利**をさえ雇い主に与えた。石工や大工を**団結**させるようないっさいの結合や契約や誓約などは無効を宣言させる。労働者の**団結**は、14世紀から**団結禁止法**が廃止された1825年まで、重罪として取り扱われる。・・・ジョージ2世は労働者の**団結**を禁止する諸法律の適用をすべてのマニュファクチュアに拡張した。（注解126）「団結禁止法—1799年及び1800年にイギリス議会を通過した法律で、いっさいの労働者組織の結成と活動を禁止したものである。これらの法律は1824年に議会によってあらためて廃止されたが、その後も官憲は労働組合の活動を厳しく制限した。とりわけ、労働者を組織に加入させたり、**ストライキ**に参加させたりする煽動活動は『脅喝』や『暴力』とみなされて、刑法上の犯罪として罰せられた」。　　　　　　　　　　（S.766－767；964－966頁）

　　イギリスの労使関係法を年表にしたので参照されたい。
　　1349年—労働者法令（Ordinance of Labourers）、賃金の決定機関を設置
　　　　　　（確認できる最初の労働立法）
　　1553年—賃上げを目的とする労働者の共謀及び団結を禁止
　　1799年—1800年　団結禁止法、労働者の団結に対する特別な罰則を規定
　　1811年—1814年　ラッダイト運動・機械の打ちこわしを開始

1824年―1825年　団結禁止法の廃止、1829年紡績工総同盟設立
1834年―トルパドルの殉教者、組合宣誓を理由にオーストラリアへ流刑
1851年―新型組合、主に熟練工からなる組合設立
1868年―TUC・労働組合会議設立
1871年―労働組合法成立・組合を合法化
1880年―1899年　不熟練労働者の新組合運動の戦闘性の増大と展開
1891年―下院の公正賃金決定
1906年―争議権法成立
1913年―労働組合法成立
1917年―1918年　ホイットレー報告、労使協議会を勧告
1927年―ゼネストおよび9カ月にわたる炭鉱スト

　団結権は1871年に制定された労働組合法で、争議権は1906年制定の労働争議法により公認された。団結禁止法はこのように団結を禁止するほど、反民主的で資本主義的である反面、資本家にとって労働者階級の組織的活動の拡大と反転攻勢がかなり脅威であり、資本主義を覆すほど恐ろしい抵抗勢力であったということが推測できよう。さて、ここでは日本の労働基本権をめぐる裁判規範を省察する。
　日本では、憲法の社会権である第28条は、労働者の団結権及び団体交渉権そして団体行動権を保障した規定である。その条文は「勤労者の団結する権利及び団体交渉その他の団体行動をする権利は、これを保障する」規定である。本条は、団結権と団体行動権とが保障され、団体交渉は団体行動の一例として解釈しがちであるが、本条の中心は団体行動権にあり、団体行動とは団体交渉における労働者の地位を使用者のそれと対等にするための手段であると解されている。したがって、無条件に承認しているのが労働基本権である。さて、この労働基本権の呼び名は、全逓東京中郵事件判決を端緒に一般的に法律用語として定着したのであった。
　最高裁の判旨である。「憲法自体が労働基本権を保障している趣旨にそくして考えれば、実定法規によって労働基本権の制限を定めている場合にも、労働基本権保障の根本精神に即してその制限の意味を考察すべきであり、生存権の保障を基本理念とし、財産権の保障と並んで勤労者の労働権・団結権・団体交渉権・争議権の保障をしている法体制のもとでは、これら両者の間の調和と均衡が保たれるように、実定法規の適切妥当な法解釈をしなければならない」(昭和41年10月26日)というものであった。ただし、最高裁判決では、比較衡量論を駆使して労働基本権を制限したことを見落とす危険があった。国民全体の利益の保障の側面から内在的制約をかけたため、結局のところ争議権禁止を合憲とした、いわゆる合憲的限定的解釈を展開した。かくして、労働基本権は裁判規範として普遍的に定着していった。

雇い主と賃金労働者とのあいだの契約や期限つき解約予告などに関する労働者法規の諸規定は、契約に違反した雇い主にたいしては民事訴訟を起こすことしか許されないで、契約に違反した労働者にたいしては刑事訴訟法を起こすことをゆるしているが、このような諸規定は今日でも立派に通用しているのである。**団結を禁止**する残酷な諸立法は、1825年にプロレタリアートの威嚇的態度の前に屈した。・・・最後に、1871年6月29日の法律は、労働組合の法的承認によってこの階級立法の最後の痕跡を消し去るのだと称した。・・・ところが同じ日付の一法律は・・・事実上、以前の状態を新しい形で再現するものだった。この議会的手品によって、**ストライキやロック・アウト**・・・にさいして労働者が利用しうる手段が、普通法による取締まりから特別刑法による取締まりのもとに移され、この刑法の解釈は治安判事の資格において工場主に任されたのである。・・・「大自由党」は、いつでも尾を振って支配階級に奉仕しているイギリスの裁判官たちに、古ぼけた『陰謀』取締法を再び掘り出してそれを**労働者の団結**に適用することを許した。・・・／革命のあらしが荒れ始めると、ただちにフランスのブルジョアジーは、労働者がやっと獲得したばかりの**団結権**を再び彼らから取り上げた。

（S.768－769；967－968頁）

　イギリスでは、労働者の解雇について民事訴訟が認められていたが、一方の雇い主には刑事訴訟法を認めていた。労働者のストライキに関しては、特別法をもって規制していたのであった。一般法と特別法についていえば、日常の生活に適用される民法は一般法である。商法取引に適用される商法は特別法であり、民法は国民全体に適用されるが、商法は主に商人に適用される。通例、特別法が一般法に優越して適用されるのである。また、イギリスの裁判例を陰謀としているところである。それは実際、憲法第37条第1項が要請している「公平な裁判を受ける被告人の権利」の要件である。この原則の現れが起訴状一本主義である。つまり、「予断の支配」を排除することが、「公平な裁判所」の原点であるということになる。裁判の対象となる事件について、何ら先入観や予断を持つことは許されないから、公平で公正な判決が導きだされる。かくして、憲法第37条が要請する公平な裁判所が創設されるには、異常な司法、立法、行政の三位一体化をそれぞれ切り離すことである。それによって正常な権力分立となし、腐朽化した司法組織内部の自浄作用を働かせ予断排除の原則に立脚することになる。
　さて、イギリスでは、1871年に労働組合が合法化されたこともあってこ

こでは労働組合の起源をケンブリッジ経済学入門書として発刊されたモーリス・ドップの『賃金論』(氏原正治郎訳［1956］新評論、213−238頁)の助けを借りて整理しておこう。手職人の団体が労働組合と似た目的をもって18世紀に現れた。たとえば、1720年のロンドンの仕立工の団体、おくれて皮革工，蹄鉄工、馬車製造工、織物工の中に現れた団体である。他方において労働組合運動は、19世紀初頭における機械制大工業の急速な拡大にその起源をもつということができる。初期の労働組合は、地方的同職クラブおよび同職組合であって、少人数で労働者階級の仲間の中では特権的貴族であると自負する熟練職人のグループから構成されていた。これらの多くは、古い秘密結社の習慣と儀式を行った。ロンドンの塗装工不死鳥組合 (the Phoenix Society of Painters) 団体では、ファロック・コートとシルク・ハットで会合に出席することが知られている。大衆型の組合の端緒は、1820年代と30年代にトマス・ヘップバーンの指導下にあったタイン河畔の坑夫、30年代におけるランカシャー紡績工などである。これらは団結禁止法が廃止された1824年にいたるまで、法律によって不法な共謀だとして禁じられ、団結禁止法廃止後、つまり団結が認められていたにもかかわらず数多くの仕方で迫害をうけた。使用者たちは警察と軍隊を入れストライキ労働者を追いたてたが、労働者達は破壊行動の手段に訴えた。1830年代にはこれらの地方的同職クラブの連合組織によって大きな全国組織に結合しようとする野心的な試みがなされた。ロバート・オーエンの単一全国大合同組合 (Grand National Consolidated Trades Union) の雄大な計画は最たるものであった。1850年代と60年代においては、強力な全国組合につくりあげるのに成功した。当時は新模型 (The New Model) と呼ばれた。

　ほかでもなく、日本の1960年代半からは、高度経済成長が本格化し労使対立の大争議もほとんど発生せず、春闘が発展し、そのなかで賃上げ争議が典型的な労使紛争となった。公共部門でも1966年に争議行為の禁止について、全逓東京中郵事件の合憲的限定解釈を施した最高裁判決が出された。また、国鉄、郵政などの組合が春闘の相場確定の役割を担うに至り、争議行為が盛んに行われるようになった。1960年から1970年半ば過ぎにおける春闘では交渉スケジュールに従って、鉄鋼、電機、自動車などの基幹金属産業におけるストライキが行われ、最終的には公労協が組んだ3日間の交通ゼネストが行われた。とくに1973年以降の第一次石油危機直後は多くのストライキで春闘を盛り上げて大幅賃上げを獲得した。公共部門では最高裁が全農林警職法事件判決で争議行為を全面的に合憲とする判例変更を行ったが、スト権奪還を射程距離としていた公労協は国労を中心にして1975年11月26日から12月3日にかけて8日間のスト権奪還ストをおこなった。これが歴史的最後の大争議となった。このスト権ストの損害額202億円の損害賠償分は、国鉄当局から損害賠償請求がなされた。動労は、当局

を相手に提訴した訴訟事案32件を取り下げ合理化に協力、余剰人員対策にも協力したすえストライキをも自粛したため202億円は免責。結局、国労が202億円を負担することで組織的に追い詰めてゆき責め苦となったのである。その影響が労働組合に波及して、階級的労働組合は衰退していかざるをえなくなった。

　厚生労働省の統計では労働組合の組織率が、1949年には55.8％であったが、2023年の推定組織率は16.3％で過去最低であった。

　次章に進む前に『資本論』第Ⅱ巻及びⅢ巻ではマルクスはストライキStrikeや団結Koalitionの用語は一切用いてはいない。

第2章
『資本論』第Ⅱ巻──第Ⅲ巻

第2章　『資本論』第Ⅱ巻−第Ⅲ巻

第2部　資本の流通過程

1　第1篇第4章　循環過程の三つの図式

　発展した資本主義的生産では、貨幣経済または信用経済の基礎として現われるだけである。したがって、貨幣経済と信用経済とはただ資本主義的生産の別々な発展段階に対応しているだけであって、決して現物経済にたいする別々な独立な交易形態ではないのである。もしそうだとすれば、それと**同じ権利**で人々は現物経済の非常にさまざまな形態を他の二つのものと対等なものとして対比することもできるであろう。

（Marx［1885］S.119;142頁）

　循環過程の3つの図式とは、貨幣資本の循環G―W…P…W'―G'、生産資本の循環P…W'―G'―W…P'、商品資本の循環W'―G'―W…P…W'である。マルクスは、「三つを総括してみれば、過程のすべての前提は、過程の結果として、過程自身によって生産された前提として現れている。それぞれの契機が出発点、通過点、帰着点として現れる」のである。ゆえにこの同じ権利は解説を付け加えて述べるまでもない。本章の論点は「しかし、現実には、どの個別産業資本も三つの循環のすべてを同時に行っているのである。この三つの循環、資本の再生産形態は、連続的に相並んでいる。・・・／それゆえ、連続的に行われる産業資本の現実の循環は、ただ単に流通過程と生産過程の統一であるだけではなく、その三つの循環全部の統一である」（S.105−107;125−127頁）とマルクスが総括している点にある。かくして、社会的総資本の循環過程は常に3つの循環の統一を実現する。

2　第2篇第8章　固定資本と流動資本

　固定資本はその手入れのために積極的な労働投下をも必要とする。機械はときどき掃除しなければならない。ここで言うのは、それなしでは機械が使用不能になるような追加労働であり、・・・本来の工業ではこの掃除労働は労働者たちによって休息時間中に無償で行われるのであって、それだからこそまたしばしば生産過程そのもので行われ、そこではこの労働がたいていの災害の根源になるのである。・・・資本家はこうして自分の機械の維持費をただですますことになる。・・・自己維持費

第 2 章　『資本論』第Ⅱ巻－第Ⅲ巻

の神秘は、事実からすれば、機械にたいする労働者の**法律的要求権**を形成して労働者をブルジョア的な法的見地からさえも機械の共同所有者にするのである。　　　　　　　　　　　（S.173－174；211－212頁）

　マルクスは、固定資本である機械の維持のための清掃は、法律的要求権が与えられずにいる労働者たちの休息時間をも奪いながら無償でおこなわせることが、労働災害の根源になっているという。それにより、資本家は、労働者に債務不履行が生ずるのと同時にブルジョア的見地からすれば固定資本を労働者が共同所有しているとみなすのである。いずれにせよマルクスが、かねてから労働の解放を切に研究していたことに背馳するものである。日本の休憩時間は、労働基準法第34条3項において、使用者は、休憩時間を自由に利用させなければならないという、休憩時間自由利用の原則が規定されている。これは、休憩時間中には労働からの解放を全うさせるために、使用者に対し休憩時間中の労働者の行動に制約を加えることを禁止した規定である。
　さて、この労働基準法の立法過程を考察しよう。労働基準法の立案者は、当時の労政局長の吉武恵市によるものとされているが、松岡三郎によれば、「労働基準法はアメリカの真似だというのですが、アメリカの真似じゃない。真似と言えばソ連の1922年法なんです。・・・例えば休憩時間は自由にしなくちゃいかんという規定はソ連しかない・・・114条の付加金の規定ですが、あの規定があるのは世界でアメリカと日本だけだと思います。あとは代替において1922年ソ連労働法、国際条約というところです」(松岡三郎編［1953］「労働法の内幕　上、中、下」『季刊労働違法』労働法学研究所、No.8) と述べていた。確かに、山川均・安部磯雄・堺利彦共編［1925,2002］『社会問題叢第2巻―労農露西亜の労働』日本図書センターの復刻版の資料「1922年露西亜労働法」では、ソ連労働法と労働基準法とがかなり規定の上で符号していた。1946年7月10日の極東員会対日理事会であったソ連のデレヴィヤンコによる日本の労働保護立法全般に関する22項目にわたる勧告によって裏打ちできることである。ところで、マルクスが懸念していた労働災害はどうなるのか。労働災害補償上の判断基準となる行政解釈は、業務と疾病との間に経験則上相当な因果関係が存在することと理解したうえで、第一に業務起因性を判断する。そして第二には業務遂行性が満たされることが判断基準となっている。

3　第2篇第17章　剰余価値の流通

　このような追加的な潜在的貨幣資本がとることのできる最も簡単な形態は、蓄蔵貨幣という形態である。・・・この蓄蔵貨幣は国内の流通か

ら引きあげられた貨幣が個々の資本家の手のなかで蓄蔵貨幣の形態をとったものにほかならないということである。・・・この潜在的貨幣資本が単に価値章標からなっているとか、あるいはまた単に資本家たちが第三者にたいしてもっている**請求権**が適法な証書によって確認されたもの（権利証書）から成っているとかということである。これらのどの場合にも、この追加貨幣資本の存在形態がどうであろうと、それが将来の資本であるかぎり、・・・資本家がもっている追加的な留保された**請求権**以外のなにものでもないのである。　　　　　　　（S.323-324；393頁）

　「現実の蓄積、すなわち剰余価値の生産資本への転化」が資本の回転期間に影響されることはいうまでもないと、マルクスはいう。次いで、追加貨幣資本の存在形態としては第一に潜在的貨幣資本が単に価値章標があり、第二に第三者にたいしてもっている請求権が適法な証書によって確認されたもの（権利証書）ということである。剰余価値の流通と資本の回転の関連を解きあかしている。ここではいま一度、貨幣論にもどり蓄蔵貨幣の機能を探ろう。貨幣としての貨幣の蓄蔵貨幣は、商品流通を中断して貨幣を不動化して形成される。商品生産者の欲望は、たえず更新されて他人の商品を買うことを命ずるが、彼自身の商品はいつでも直ちに売れるわけではない。売ることなしに買うためには、買うことなしにまえもって、彼の商品を売らねばならない。金の生産源は、一方的な買いが金生産者によって行われている。これが広がって交易上の全面に金、すなわち貨幣の蓄蔵が生ずる。かくして商品の流通は自ら必要な貨幣をまえもって確保する。この蓄蔵貨幣は購買、支払手段のための蓄蔵貨幣は世界貨幣のためにも形成される。マルクスの表現を借りてくれば金融支配資本が貨殖に突き進む守銭奴といってもよかろう。

　ところで、民法の請求権とは、通例、特定の人に対して一定の行為を請求することを作用とする権利のことをいう。請求権は支配権や形成権に対する概念である。たとえば、売主は買主に対して代金債権を請求するが、これに基づいて代金請求権が生じるし、家主は借家人に対して貸家の返還請求権を持つが、これにもとづいて返還請求権が生ずる。また、支配権たる物権の円満な実現を妨害する者に対して、物権者は物権的請求権をもつのであるが、妨害を排除するためにその人に対して直接に実力を行使することは許されない。そこで公権力に助力を求めること、つまり、妨害者に対する請求権が認められる。民法は、占有を妨害された場合の占有保持の訴え並びに占有を妨害されるおそれがあるときの占有保全の訴え、そして占有を奪われた場合の占有回収の訴えという3つの請求権を認めている。学

説では、一般に占有権よりもさらに強い他の物権についても当然にこれに対応する請求権を認めるべきであるとし所有権に基づく、所有物返還請求権、所有物妨害除去請求権、所有物妨害予防請求権が代表的なものである。

第3部　資本主義的生産の総過程

1　第1篇第5章　不変資本充用上の節約

　不変資本充用上の節約は、どの面からみても、一部はただ生産手段が結合労働者の共同的生産手段として機能し消費されるというだけの結果であり、したがってこの節約そのものも直接的生産的労働の社会的性格の産物として現われるのである。・・・資本主義的生産様式は、一方では社会的労働の生産諸力の発展を促進し、同時に他方では不変資本充用上の節約を促進するのである。・・・それは、ちょうど、すでに見たように、過度労働すなわち労働者の役畜への転化が資本の自己増殖すなわち剰余価値の生産を促進する方法であるのと同じことである。・・・イギリスの保険局長官が到達した結論は次のようなものである、「理論的に労働者の第一の**衛生権**であるものを主張することは、労働者たちにとって実際には不可能である。その**権利**というのは、彼らの雇い主がどんな仕事をさせるために彼らを集めるにせよ、この共同労働は、雇い主の責任と費用とにかかっているかぎり、いっさいの不必要な非衛生的な状態から解放されるべきだという**権利**である。」

（Marx［1894］S.95－107；106－121頁）

　不変資本充用上の節約の方法は、労働者を不変資本に集約して天分である労働の社会的性格の産物を発現することにある。ここでの衛生権の解釈は、すでに第1巻第4篇第13章「機械と大工業」における近代マニュファクチュアでマルクスが問題にしていたところである。資本の価値増殖と生産的労働の剰余価値の生産を促進するには、もっぱら過度労働と非衛生状態から解放される権利などまったくない労働者にとって回避できない労働環境であったといえる。通例、日本では、衛生権という権利は法規範では見当たらないが、集団的労使関係法の労働組合法では、労使間における労働協約を締結するうえで安全衛生が含まれている。労組法16条所定では、労働協約の効力を「労働条件その他の労働者の待遇に関する基準」として定めていて、法規範が生ずる「労働条件その他労働者の待遇」の内容とは、

賃金、労働時間、休日、休暇、安全衛生、職場環境、災害補償、服務規律、及び福利厚生などの、労働者の集団的労働条件を含みうるものと解せられる。なお、最新の厚生労働省の安全衛生に関する通達は以下のような行政指導をしている。厚生労働省労働基準局長通知（基発0331第76号、平成29年3月31日）の「安全衛生改善計画指導要綱」では、労働安全衛生法第79条に基づく安全衛生改善計画の対象事業場や、改善計画に盛り込むべき事項を定めている。このうち「衛生管理特別指導事業場」には職業性疾病予防対策の取組に課題があるため改善措置を講じる事業場が指定されている。①粉塵、鉛、四アルキル鉛、有機溶剤、石綿、特定化学物質などに係る業務を有する事業場、②騒音、振動、放射線、高温等に係る有害業務を有する事業場、③①以外のがん等重篤な健康障害を起こすおそれのある化学物質を製造し又は取り扱う事業場、④作業場行動等に起因するおそれのある事業場、とされ指定事業場の指定期間は原則1年とし改善計画の措置が完了していない場合はさらに1年継続して指定をおこなう、という指導の内容である。

2　第5篇第23章　利子と企業者利得

　総利潤のうちから貸し手に支払わなければならない利子に対立して、利潤のうちまだ残っていて彼のものになる部分は、必然的に産業利潤または商業利潤という形態をとるのである。またはこの、両方を包括するドイツ的表現で言えば、企業者利得という姿をとるのである。・・・利子は貨幣資本家の手に、すなわち貨幣の単なる所有者であって生産過程以前に生産過程の外で単なる資本所有を代表する貸主の手に流れ込み、企業者利得は、ただ機能するだけの資本家すなわち資本の非所有者の手に流れ込むからである。こうして、借り入れた資本で事業をするかぎりでの産業資本家にとっても、自分の資本では充用しないかぎりでの貨幣資本家にとっても、おなじ資本にたいして、したがってまたその資本によって生みだされる利潤にたいして別々の**請求権**をもつ二人の違った人のあいだでの総利潤の単に量的分割が、質的分割に変わるのである。・・・利潤にたいして別々の**請求権**をもっている二人のあいだで利潤の純粋に量的な分割が質的な分割に転化したのであって、この分割が資本や利潤そのものの性質から生じているように見えるのである。利潤の一方の部分は、今では、一つの規定における資本にそれ自体として帰属する果実として、利子として、現われ、他方の部分は、反対の一規定における資本の独自な果実として、したがって企業者利得として、現われる。・・・利潤が分割される割合、また、この分割がそれによって行

われる別々の請求権は、利潤を既成のものとして前提し、その存在を前提する。それゆえ、もしも資本家が自分が機能するための資本の所有者であるならば、彼は利潤または剰余価値を全部取りこむのである。

(S.386－394；467－477頁)

　企業者利得とは、機能資本家が平均利潤のうち、貨幣資本家に支払うべき利子に対立して、機能資本家に手に入るべき残りの利潤部分である、産業利潤ないし商業利潤という形態をとるがこの両者を含めて企業者利得という。つまり、機能資本家にとって資本の生み出す利潤から利子を差し引いた残りの部分のことで、これは利子に対する企業者利得となりうる。利子が単に貨幣資本を所有している果実であるのに対して、企業者利得だけが、再生産過程で資本が機能した成果となって機能資本家の所有となる。マルクスがここで論じる請求権を整理しよう。まず利子生み資本の存在によって利子が支払われるようになると、利潤は利子とその企業者利得とに分割される。このことは、貸付資本家からの借入金で企業が営まれる場合だけではなく、また機能資本家自身の資本で企業がまかなわれる場合にもそうなる。なぜなら、利子生み資本に独自の流通は貨幣資本の貸付とその元金の回収および利子の徴収からなっているからである。貨幣は価値増殖をとげる一方で、利子生み資本は生産過程や流通過程とは無関係に利子を生みだすかのように捉えられる。商品世界の物神性によって、自身の資本で企業を営む機能資本家さえも、自己の利潤と利子と企業者利得とにわけて考え、利子および企業者利得への利潤の分割が単に量的分割から質的分割に転化して、今や利子すなわち資本所有の果実である企業者利得と資本機能の果実という表象が固定化することになる。こうなると、利子生み資本はそれ自身としては賃労働に対立しないで機能資本に対立することになり、他方で、企業者利得も賃労働に対立しないで利子とだけ対立することになる。いうなれば、この請求権に対する貨幣資本家と機能資本家との二人に分かれることから出発していることになる。

3　第5篇第29章　銀行資本の諸成分

　銀行資本は、（1）現金、金または銀行券と、（2）有価証券からなっている。有価証券は、さらに二つの部分に分けることができる。一方は商業証券、手形であってこれは流動的で次々に満期になってゆくもので、その割引が銀行業者の本来の業務とされるものである。他方は、公的有価証券、たとえば国債証券や国庫証券、各種の株式であり、要するに利子付証券ではあるが、手形とは本質的に区別されるものである。・・・

利子生み資本という形態に伴って、確定した規則的な貨幣収入は、それが資本から生ずるものであろうとなかろうと、すべての資本の利子として現われることになる。まず、貨幣収入が利子に転化せられ、次に利子といっしょに、その利子の源泉となる資本も見いだされるのである。同様に、利子生み資本とともに、どの価値額も、収入として支出されさえしなければ、資本として現れる。すなわち、その価値額が生むことのできる可能的または現実的な利子に対立して元金（principal）として現れるのである。／事柄は簡単である。平均利子率を年５％としよう。そうすれば500ポンドという金額は、利子生み資本に転化させられれば、毎年25ポンドをあげることになるであろう。そこで、25ポンドという確定した年収入はすべて500ポンドという資本の利子とみなされる。・・・25ポンドの源泉が単なる**所有権**または**債権**であろうと、・・・とにかくそれが直接に譲渡可能であるか、または譲渡可能になる形態を与えられる場合を除けば、純粋に幻想的な観念であり、またそういうものでしかないのである。・・・／国は借り入れた資本にたいしていくらかの額の利子を年々の自分の債権者に支払わなければならない。この場合には、債権者は、自分の債務者に解約を通告することはできず、ただ**債権**を、それにたいする自分の**占有権**を売ることができるだけである。・・・しかし、すべてこれらの場合には、国による支払いがその子（利子）とみなされる資本は、やはり幻想的であり、架空資本である。・・・／架空資本の形成は資本換算と呼ばれる。・・・たとえば年間収入が100ポンドで利子率が５％ならば、この100ポンドは2000ポンドの年利子となるであろう。そこで、この2000ポンドが年額100ポンドにたいする法律上の**所有権**の資本価値とみなされる。そこでまたこの**所有権**を買う人にとってはこの100ポンドという年収は、事実上、彼の投下資本の５％を表す。・・・／株式は、この資本によって実現されるべき剰余価値に対する按分比例的な**所有権**にほかならないのである。Aはこの**権利**をBに売り、それをまたBはCに売るかもしれない。・・・この場合、AやBは自分がもっている**権利**を資本に転化させたのであるがCは自分の資本を、株式資本から期待される剰余価値にたいする単なる**所有権**に転化させたのである。国債証券だけではなく株式も含めてこのような**所有権**の価値の独立的な運動は、この**所有権**が、おそらくそれがもとづいているであろう資本または**請求権**のほかに、現実の資本を形成しているかのよ

うな外観を確定する。すなわち、このような**所有権**は、その価格が独特な運動をし独特な定まり方をする商品になるのである。

（S.481－485；594－598頁）

　本章では、銀行資本の構成を詳しく検討することからはじめているが、それについては後述する。マルクスいわく「利子生み資本という形態に伴って、確定した規則的な貨幣収入は、それが資本から生ずるものであろうとなかろうと、すべての資本の利子として現われることになる。まず、貨幣収入が利子に転化せられ、次に利子といっしょに、その利子の源泉となる資本も見いだされるのである」と規定する。一定の収入が利子とみなされることも、利子を生む源泉としての資本があることも、「直接に譲渡可能であるか、または譲渡可能になる形態を与えられる場合を除けば、純粋に幻想的な観念であり、またそういうものでしかないのである」とする。この幻想的な観念こそが架空資本（fiktives Kapital）、つまり擬制資本のことであり、収入を生む源泉が利子生み資本である。しかも擬制資本は所有権を有するため売買されるのである。擬制資本は、一定額の規則ただしい貨幣所得にたいする請求権の価格に等しい。擬制資本そのものは、労働の生産物ではないから、なんら価値をもたず、価値の実態はないが、使用価値を有し売買の対象となることによって価格をもつようになると、ある一定の資本価値をもつように擬制される。A─B─Cのように所有権の移転をともないながら請求権や権利を獲得することになる。繰り返すが、ある一定の収入や見込みの収入が資本還元され擬制資本が形成されて、それが利子生み資本の具体化した形態となるのである。

　今一度復習し整序しよう。利子生み資本とは、資本の所有者により貸し付けられて利子獲得の手段となる貨幣資本のことである。利子は、機能資本家である産業資本家または商業資本家が貸付資本を利用するかぎりこの資本の所有者に支払う利潤または剰余価値の一部である。一方の擬制資本は、毎年25ポンドの収入を資本還元して、利子とみなされる擬制のことで、具体化した商品形態をとるのである。これが所有権、債権として指摘されているところである。マルクスは、譲渡可能な擬制資本としての利子生み資本の具体例を国債とともに、株式によって説明したが、その価格が擬制資本にほかならない。国は、国債発行によって得た資金は食い尽くされているから、国による債務の支払い根拠は租税収入しかないことになる。

　ここでは、行政法の債権の解釈に考察を移す。特定の債権者が他の特定の債務者に対し一定の給付を請求することを内容とする権利のことをいう。これに対する義務が債務である。物権とともに財産権に属するが、物権が物に対する直接の支配を内容とする権利であるのに対して、債権は、特定の人に対する請求権である点に特色がある。債権は、法律行為、とくに契

約によって発生することがもっとも多く、その他の事務管理、不当利得、不法行為なども発生原因となる。債権は、同一内容のものであっても同時に2つ以上併存することを妨げず、また発生が前後して両者の間に優劣はない。その種類には、金銭債権、種類債権、利息債権、選択債権、特定引渡債権などがある。これらは、債務者の給付によって消滅するのが一般的である。地方自治法第240条の債権とは、金銭給付を目的とする地方公共団体の権利であり、公有財産、物品、基金とともに地方自治法上の財産である。

　これらの証券の減価が、生産や鉄道・運河交通の現実の休止とか、着手した企業の中止とか、実際に無価値な企業への資本の投げ捨てとかを表すものでなかったかぎり、この国は、このような名目的な貨幣資本のしゃぼん玉の破裂によって一文も貧しくはならなかったのである。・・・すべてこれらの証券は、実際には、将来の生産にたいする蓄積された**請求権**、権利名義のほかになにも表してはいないのであって、・・・/すべて資本主義的生産の国には、このような形態で巨大な量のいわゆる利子生み資本・・・生産にたいするこのような請求権のほかには、すなわちこのような**請求権**の市場価格の蓄積・・・/ところで、銀行資本の一部分はこのいわゆる利子付証券に投下されている。・・・貨幣の貸し手にとっては、この手形は利子付証券である。すなわち、彼がそれを買うときには、満期までの期間の利子を引き去るのである。これが割引と呼ばれるものである。・・・それゆえ、銀行資本の最大の部分は、純粋に架空なものであって、**債権**（手形）や国際証券（過去の資本をあらわしているのも）や株式（将来の収益にたいする支払指図券）から成っている。

（S.486－487；600－601頁）

　一般に証券とは、売買可能な金融資産である債権、株式、手形などを意味する。マルクスが「名目的な貨幣資本のしゃぼん玉の破裂」と述べているのは、イギリスのサウスシー・バブルを想起させる。ではその概要を追うことにしよう。1600年に東インド会社が創立された。イギリスとアフリカとの貿易会社の有力で投機的な商人たちは、王室の特許状によって授与される世界市場での外国貿易の地域独占を利用するために、株式会社を設立していた。株式会社の株式証券取引は、実際には資本市場で国債の取引とあわせて行われていた。国債は、その所持者に定期的な利子の受け取りの権利を与える国家の債務証書にほかならない。このような国債証券は、近代国家の形成過程で、重商主義戦争の結果として生じた国家負債の増大

を反映して増加傾向にあった。国債はまた、金融資産の保持を促し資本市場を拡大・深化させた。それをうけて、1717年─20年のイギリスでのサウスシー・バブル膨張の過程で、南海会社はロンドンで国債と引き替えに株式を発行し、自社株買いによってその株価を押し上げていた。それにともない投機的な株式購買熱が生じて、一般的な株式価格の上昇を促していった。1720年夏のバブルの崩壊は、大勢の投資家やその他の人々に金融的な災難をもたらしたのであった。これがいわゆる南海泡沫事件である。マルクスは、また、銀行業務の割引手形について、「すなわち、彼がそれを買うときには、満期までの期間の利子を引き去るのである。これが割引と呼ばれるものである」とし、「その割引が銀行業者の本来の業務であるとされる」とまで指摘していた。手形割引とは、手形の満期までの期日についての貸付利子を手形の金額から割り引いて、銀行が手形を貨幣に換えることである。満期には手形の金額が全額返済されて、銀行は手形を割り引いて貸し付けた貨幣と割引利子とを受け取ることになる。銀行は、預金を集めて、社会的な債務を負い、それを手形割引による貸付にあてて債権を取得するのと同様に、銀行券の発行により社会的負債を負って、手形債権を割引により入手する信用仲介業務を展開しているのである。手形の割引にさいし、他銀行あての銀行手形を与えたり、小切手を使えるような預金額を顧客の口座に設定することも、銀行からみると基本的には銀行券の発行と同じく社会的な債務を負って、手形債権を取得しているのである。

4　第5篇第30章　貨幣資本と現実資本Ⅰ

　われわれがこれまで貨幣資本および貸付財産一般の蓄積の特有な形態を考察してきたかぎりでは、この形態は、結局は労働にたいする**所有の請求権**の蓄積ということになった。国債という資本の蓄積が意味するものは、すでに明らかにしたように、租税額のうちからある金額を先取りする**権利**が与えられた**国家の債権**という一階級の増大以外には、信用制度のもとで起きる歪曲の完成があらわれている。・・・/いろいろな会社事業、鉄道や鉱山などにたいする**所有権**は、やはりすでにみたように、たしかに事実上は現実資本にたいする**権利**である。とはいえ、それはこの資本にたいする自由処分力を与えるものではない。この現実資本を引きあげることはできない。その**所有権**は、ただ、この現実資本によって獲得されるべき剰余価値の一部分にたいする**請求権**を与えるだけである。ところが、この**権利**が現実資本の紙製の複製になるのであって、それは、ちょうど積荷証券が積荷とは別に、また、積荷と同時に、ある価

値を与えられるようなものである。・・・それは利子生み資本の形態になる。・・・現実資本の運動とは無関係に増減することができる。・・・／この**所有権**の価格変動による損得も、鉄道王などの手へのその集中も、事柄の性質上ますます投機の結果になってくるのであって、この投機が労働に代わって資本所有の本来の獲得方法として現われ、また直接的暴力にもとって代わるのである。・・・ところで、この純粋な商業信用の循環については、二つのことを言っておかねばならない。第一に、このような相互の**債権**の決済は、資本の還流にかかっている。・・・第二に、この信用制度は、現金支払の必要をなくしてしまうものではない。・・・たとえば、織物業者にたいする紡績業者の**債権**は、機械製造業者にたいする石炭供給業者の**債権**によって決済されない。・・・それゆえ、このような**債権**は貨幣によって決済されなければならない。

(S.493－497；609－614頁)

　本章は、資本主義の内的矛盾としての宇野恐慌論と利子論の理論的根拠をなしているといわれている。現実資本とは、生産資本と商品資本の形態にある実体的資本のことである。この蓄積は、C＋V＋Mによる再生産の規模の拡大である。平易にすれば産業を直接的に担当する産業資本、つまり、製造業者のことを一般にメーカーというであろう。これに対し貨幣形態にある資本は、実体的資本に対する所有請求権を表すものでありこの蓄積とは労働生産物に対する所有権請求権の蓄積である。いわば貨幣資本といわれ、ファイナンス、つまり利子を意識的に増殖する資本のことである。ついでに、商業信用については、機能資本家（産業資本家と商業資本家）が商品を実現するさいに、たがいにあたえあう信用のことである。商品生産と流通が発展するとともに、貨幣をもたない買い手に信用で商品を引き渡し、貨幣があとから売り手に支払われる、いわゆる掛け売りによって商品形態にある売り手の資本の回転が促進される。こういう売り手である債務者と買い手としての債権者との間の信用関係が商業信用である。これは銀行信用とともに、資本主義信用の2つの基本形態となる。商業信用は商品生産者どうしのあいだの債権・債務関係として単純な商品流通から発生する。
　ところで、学説では『資本論』の恐慌論は十分に完成されてはいなく、それは大別して資本過剰論と商品過剰論の二つの類型が恐慌の原因となり併存されており、必ずしもそれらは整合していないといわれている。そこで本章における過少消費説および不均衡説の論拠となる貴重な一説を掲げておこう。「恐慌は、ただいろいろな部門の生産の不均衡からのみ、また、資本家たち自身の消費と彼らの蓄積とのあいだの不均衡からのみ、説明で

きるものであろう。しかし、実際には、生産に投下されている資本の補填の大きな部分は、生産的でない諸階級の消費能力にかかっているのである。他方、労働者の消費能力は、一方では労賃の諸法則によって制限されており、また一方では、労働者は資本家階級のために利潤をあげるように充用されうるかぎりでしか充用されないということによって制限されている。すべての現実の恐慌の究極の原因は、やはり、資本主義的生産の衝動に対比しての大衆の窮乏と消費制限なのであって、この衝動は、まるでただ社会の絶対的消費能力だけが生産力の限界をなしているかのように生産力を発展させようとするのである」（S.501;619頁）。

　だが、この2説以前に、『資本論』第1部第1篇第3章「貨幣または商品流通」における貨幣恐慌の第1類型と第2類型に突き当たねばらない。（註99）では「本文ではすべての一般的な生産・商業恐慌の特別な段階として規定されている貨幣恐慌は、やはり貨幣恐慌と呼ばれてはいても独立に現れることのある、したがって、産業や商業はただはね返り的に作用するだけの特殊な種類の恐慌とは、十分に区別されなければならない。このあとのほうの恐慌は、貨幣資本がその運動の中心となり、したがって銀行や取引所や金融界がその直接の部面となるものである」。（S.152;180頁）前段の一般的な生産・商業恐慌の特別な段階として規定されている貨幣恐慌は、やはり貨幣恐慌が独立に現れる、というのが貨幣恐慌の第1類型であり、後段の貨幣資本がその運動の中心となり、したがって銀行や取引所や金融界がその直接の部面となる、とするのが貨幣恐慌の第2類型である。こうした貨幣恐慌を明確に区分したのが伊藤誠・C.ラパヴィツァス編『貨幣・金融の政治経済学』（2002年、岩波書店、130頁以下）である。その後、経済現象のオランダのチューリップ恐慌を皮切りに理論的に展開するのであった。「1980年代末の日本に生じた巨大バブルの崩壊から、97年のアジア経済危機、2001年のアメリカITバブル崩壊に続き、サブプライム金融恐慌もまた、それぞれに実体経済との関連に相違や特徴を有しながら、この第二類型的貨幣恐慌を大規模に展開しつつあるとみてよいのではなかろうか」と綴られているのが伊藤誠『サブプライムから世界恐慌へ―新自由主義の終焉とこれからの世界』（2009年、青土社、124－125頁）である。その基本的矛盾と世界的金融恐慌につき、労賃上昇説的資本過剰論を高く評価しつつ、「サブプライム金融恐慌は、まさにそこに内包されていた現代資本主義のもとでの労働力の商品化と金融化を露呈しつつ、・・・/一見ミンスキーの金融不安定性仮説やマルクスによる第二類型的な貨幣・信用恐慌の破壊作用に近いとも思える」という。（同上書、131－132頁）

　こうした意味で日本資本主義の金融資本の支配的な資本形態は、銀行業務の規制緩和とあいまって証券会社へ介入し、金融業界の取引の自由化、再編統合をおしすすめ、株式などの証券取引、金融派生商品の増発とその

市場の拡大、それを助長する日銀のマイナス金利政策による投機的取引の増大をもたらし続けていた。それはさしあたりICTを基軸とした労働者世帯の生活手段その余力である貯蓄から強引に引き離して投資へと投げかける国策を示唆したのであった。だが、しかし日銀はマイナス金利政策の転換の岐路に立っている。

いずれにせよ、10年周期に発現したジュグラー循環やコンドラチェフの長期波動論を含みうる、周期的景気循環から目をそらすことはできない。流動化する雇用労働者の実質賃金の低下による生活保障をどうのりこえるのかが課題である。

5　第5篇第34章　通貨主義と一八四四年のイングランド銀行法

　1844年の銀行法はイングランド銀行を発行部と銀行部に分ける。前者は、1400万の保証準備―大部分は政府債務―と、最高4分の1までは、銀でもよい総金属準備とを与えられて、この両方の総合計額と等額の銀行券を発行する。これらの銀行券は、公衆の手にあるのでないかぎり、銀行部に置かれていて日常の使用に必要な少量の鋳貨（約100万）とともに銀行部の常置準備金をなしている。発券部は公衆に銀行券と引き換えに金を与え、金と引き換えに銀行券を与える。それ以外の公衆との取引は銀行部によって行われる。1844年にイングランドおよびウェールズで自己銀券の**発行権**を認められていた個人銀行は**権利**を保持するが、その銀行券は割当てによって定められている。・・・1844年の銀行法は、直接に全商業界をそそのかして、恐慌が起こりそうになるといち早く銀行券の準備を貯えさせ、したがって恐慌を早くさせ激しくさせるのである。
（S.570；713－714頁）

　イングランド銀行法は、まずロバート・オーヴァストーンやトレンズ大佐やノーマンやクレーやその他の著述家たちや、イギリスの通貨主義学派という名で知られている人々によって、1844年および1845年のサー・ロバート・ピールの銀行法を通じてそれをイングランドやスコットランドの銀行法の基礎にしたのである。（以下、「銀行条例」と略記）

　まず、1844年の銀行条例の内容を考察する。発券部は、1400万ポンドをかぎりに主として国債からなる有価証券をひき当てに銀行券を発行できるが、それをこえる発券はすべて同額の金準備の保有を必要とする。それゆえ、この銀行条例は、イングランド銀行の銀行券量はその準備の変化にしたがって変化すべきだと規定したのである。銀行部は、公衆の手中にあ

る以外の銀行券と100万ポンド程度の日常取引に要する鋳貨とを準備金として、他の銀行や公衆にたいする手形割引をおこなう。またこの条例は、新たな発券銀行を許さず、他銀行の発券に量的制限を加え、イングランド銀行券のイングランドとウェールズにおける法貨規定を再確認し、イングランド銀行券にある程度独占的地位をしめていたのであった。このイングランド銀行が創設されたのは1694年のことで、主にロンドンの商人たちがイギリスの新たな国王に戦時金融を株式会社として設立したのであった。その後、2世紀半にわたり私的企業にとどまり、19世紀にいたるまで、実質的に私的銀行として利害を有していた。マルクスによれば、「イングランド銀行は、国家の保護を受け国家から特権を与えられている公的機関として、自分のこのような力を、私的企業ならば敢えてするであろうように容赦なしに利用するわけにはゆかないのである」(S.559;699頁)と述べている。

　さて、そこで日本銀行の沿革や役割に考察を移す。日本の発券銀行は、日本銀行のみである。日本銀行は、明治15年の日本銀行条例によって成立した中央銀行である。日本銀行法第46条第1項で発行権が認められ、「日本銀行は、銀行券を発行する」とし、同条第2項では「前項の規定により日本銀行が発行する銀行券（以下「日本銀行券」という。）は、法貨として無制限に通用する」と規定している。つまり、あらゆる取引に無制限の通用力をもつ法貨としての地位が日本銀行（以下「日銀」という。）券には、同条の規定で付与されている。現在の日本銀行券は金との兌換義務のないいわゆる不換銀行券である。兌換義務が廃止されたのは昭和17年のことであり、この時に名称も日本兌換銀行券から単なる日本銀行券に改められた。銀行券の発行は、日本銀行にある市中銀行の当座預金あるいは政府預金の引出しという形でおこなわれ、個人や企業が支払いのために銀行が必要になると、市中銀行に預金を引出しに行くが、市中銀行では手持ち銀行券が不足すると、日銀にある当座預金を引出して銀行券を補充する。日本銀行は、市中金融機関の現金準備が不足する場合に貸付を行って現金通貨を供給する。これがいわゆる「最後の貸し手」(lender of last resort)といわれる中央銀行の重要な機能の一つである。日銀の金融政策には公定歩合操作、公開市場操作、準備率操作などがある。このうち公定歩合操作は、主に中央銀行が市中の金融機関に対して行っている貸出の金利すなわち公定歩合を上下させる政策であり金利政策ともいう。公定歩合の変更は、日銀から借入金が変化することによって市中金融機関の資金調達コストに直接影響する。また間接的にも短期金融市場の変動を通じても影響し、金利コストの変動に応じて金融機関はその貸出態度を変化させる。また、公定歩合の引上げは日銀が今後金融引締め政策を実行することを宣言したことを意味するので、銀行は貸付を抑制したり、企業は投資を手控えたりするという心理的効果が働くのである。これまでの日銀はマイナス金利政策によって、

投機的取引によって株価、擬制資本が上昇しているがこれは実体経済と遊離している。2023年名目GDPは前年比5.7％増の591兆円となる一方で世界第4位に転落している。グローバル企業は自己金融化と内部留保を推し進めている。

6　第6篇第46章　建築地地代　鉱山地代　土地価格

　差額地代は、およそ地代の存するところならばどこでも現われ、どこでも農業差額地代と同じ法則に従う。どこでも、自然力が独占可能なものであり、それを充用する産業家に超過利潤を保証するところでは、それが落流であろうと豊かな鉱山であろうと魚の多い河海湖沼であろうと位置の良い建築地であろうと、地球の一部分にたいする彼の**権利**によってこれらの自然対象の所有者として押印されている人が、この超過利潤を機能資本家から地代の形で横取りするのである。・・・また、この土地所有が同じ人の手の中で産業資本と結びついていて労賃をめぐる闘争にさいして産業資本が労働者たちを彼らの住所である地上から実際に閉め出すことを可能にする場合にこの土地所有が与える法外な力である。この場合には社会の一部分が他の部分から、**地上に住めるという権利**の代償として貢物を要求するのであって、およそ土地所有のうちには、土地の身体や土地の内臓や空気を搾取するという、したがってまた生命の維持と発展を搾取するという、**所有者の権利**が含まれている。・・・われわれが独占価格と言うのは、・・・ただ買い手の購買欲と支払い能力だけによって規定されている価格のことである。まったく特別な品質の葡萄、一般に比較的少量しか生産されない葡萄を生産する葡萄山は、独占価格を生む。・・・葡萄栽培者はこの独占価格によって大きな超過利潤を実現するであろう。・・・独占価格から流出するこの超過利潤は、地代に転化して地代という形で土地所有者の手に入るのであるが、それは地球のなかでも特別な性質をそなえたこの部分にたいする彼の**所有権**によるものである。・・・すなわち資本還元された地代、つまりまさにこの貢物が資本還元されたものが土地価格として現れ、したがってまた土地がすべての他の取引物品と同様に売られることができるという事情によって覆いかくされているのである。それだから、買い手にとっては、彼の**地代請求権**は、無償で手に入れたもの、すなわち労働も冒険も資本の企業精神もなしに無償で手に入れたものとしては現れないで、その等

価を支払って手に入れたものとして現れるのである。

(S.781－784；991－995頁)

　差額地代は、およそ地代の存するところならばどこでも現われどこでも農業差額地代と同じ法則に従うのである。この場合、農産物の一般的生産価格と個別的生産価格との差額にあたる超過利潤を農業資本家の手から土地所有者が土地の所有権にもとづいて手に入れるものを差額地代という。また、独占価格とは、資本の集中が関連諸産業のあいだに垂直的に進められる場合、破壊的競争が終わった商品生産価格は、生産費に平均利潤率をいちじるしく上回る最大利潤をくわえるものに等しくなるものをいう。

　さらに差額地代を考察しよう。まず、土地経営が独占しているがために、農産物の市場調節的生産価格は、中位の土地の生産条件によってではなく、最劣等地の生産条件によって決まる。したがって、中位の土地がより優良な土地で経営を行っている農業資本家は、自分の商品を市場調節的な生産価格で売って、超過利潤を手に入れる。この超過利潤の転化形態が差額地代である。差額地代は、二つの形態がある。第一は、土地の肥沃度の違いと販売市場への位置との違いにもとづく、資本の相異なる生産性によるものである。第二に、同じ土地に資本と労働を追加的に投下する結果、農業の集約化の結果うまれるものである。この第一の形態は第二の形態の基礎をなす。もとより、差額地代の源泉は、市場価格を決定する最劣等地よりも最優良地、または、追加的投資における労働の生産性が高まる結果、形成される超過剰余価値であり、こうした差額地代は資本主義農業にとって固有のものである。

　さて、建築地代の特色として独占価格が優勢をなし、貧困者に対して家屋の貸借、居住する権利を通じ土地所有は搾取が横行する。地球のなかでも特別な性質をそなえたこの部分にたいする彼の所有権に過ぎないということは、地代が資本化されて土地の価格として現れ、土地が他の商品と同様に取引されるということによって隠蔽されている。こうして地代は、等価を支払って得たものから、その利子として得られものと考えられるのである。

　以上、これまで、『資本論』の権利について、総括的に考察してきた。おおよそ権利とは、個人的公権といわれる憲法が規定している権利ないし基本的人権とはほど遠く、私法上の権利、資本の側の権利であったことに相違ない。つまり、この権利とは、資本主義の主権者たる資本家側のためのものであり、それが全面的ないし無政府的に資本家を保護するための権利の意思力から形成されていた。そしてまた、実定法に規定された資本家的利益にかなった権利であった。資本家と対極に位置する労働者の権利は、衛生権、労働の権利、子供の権利につき、資本の神聖な所有権、歴史的な

存在権、搾取権によって、無謀にかき消されてしまっていた。それとともに労働者保護法であるはずの工場法は、労働者が闘い勝ち取ったとはいえ、女性労働の保護と労働時間規制のみとなり法的拘束力を有していないがために、資本家にたいする罰則規定が存在することがなく、資本の意思がほぼ反映していた立法であった。保護されるべき労働者は、本源的蓄積から体罰を加えられ否応なしに奴隷状態の様相であり強制労働が露呈していた。

　労働者の団結とストライキは、賃金引上げや労働条件引上げのための、概して働く人々の生命権と生存権を維持するためのものであった。それゆえ、合法、非合法の二重基準と生産関係の二重性格とは、階級闘争論に包含され、そのため階級闘争論は、『資本論』に指針を与えていた唯物史観に結実された「導きの糸」となっており、総じて理論体系に包含されていたことになる。次章では、マルクスの著作と論稿から権利を読み取り考察を深めることにする。

第3章 マルクスの権利と現代日本の権利体系

第3章 マルクスの権利と現代日本の権利体系

　本章では、マルクスの諸論稿から権利の概念を学び直すことを課題とする。『マルクス＝エンゲルス全集』の著作から原文そのものを抄録する方法によって、それぞれの文脈から権利概念を観取し反復考察することを学びながら現代日本の権利と照応させて実際に日本の権利体系と適合するのかを問うものである。そこでまず各論文や著作を学ぶ前に、『マルクス＝エンゲルス全集』の各巻の序文からおおまかな論点を捉えて解説を加えておくことにしよう。

　『マルクス＝エンゲルス全集第一巻』では3つの論文を考察する。第一巻の序文によると、この巻は2つの部分に分かれており、第一部は1842年から1844年の時期のマルクスの著作が、第二部には、1839年から1844年にかかれたエンゲルスの著作が入っているので第一部のみを扱うことにする。

　まずはじめに第一の論文『第六回ライン州議会の議事（第三論文）―ライン州人』（1842年）について、マルクスはその著書『経済学批判』（1859年）の序言のなかで「当時のライン州知事フォン・シャーパー氏がモーゼル地方の農民の状態について、『ライン新聞』を相手に起こした公の論争、最後に自由貿易と保護関税とにかんする討論、以上が私に経済問題にたずさわる最初のきっかけを与えた」と述べていた。マルクスがこの『第六回ライン州議会の議事（第三論文）―ライン州人』論文を手がけたことが経済学研究の動因となっていたのである。というのは、森林盗伐と土地所有の問題に関心をよせた点にある。中世封建社会が崩壊して、近代市民社会に移行する過程で、これまで農民の利用していた耕地や山林などが一方的に収奪され、近代的な地主階級の私有財産の一部になったのである。1836年、プロシア国家内で行われた207,468件の刑事裁判の審理のうち約150,000件、おおよそ4分の3近くが森林伐採、森林・渉猟・牧場の犯罪にかかわるものであった。

　封建社会では、身分的自由などはなかったけれども、自分たちの村落の耕地や森林に入り生活を営むうえで生産的な活動を自由に行い、木を切ることがゆるされていたのであった。いわゆる入会権が認められていた。しかしながら、近代市民社会では、耕地や山林は、近代的な地主階

級の私有財産になってしまったために、農民は勝手に森林から木を切り、持ち出すことができなくなった。こうした行為は、盗伐とされ法に抵触することになり、経済的な生活と法の正義との矛盾が生じたのである。マルクスは経済的矛盾に引き寄せられ触発したのであった。そこでマルクスは立ち上がった。「政治的社会的に無所有の貧しい大衆のために」。

こうした入会権の問題は日本でも生じていた。明治期以来、農民の入会権をめぐる盗伐紛争問題が続出していたのであった。たとえば岩手県の小繋村の事件は大正から昭和、戦後にいたるまで最高裁で争われた事件である。最高裁の判決（昭和43年11月15日）は、最初は村民の実質的共有権であり、現実に入会が継続しているかぎり登記名義を問わず共有の性質を有する入会権と解すべきであろうと下したのである。この事件は法学者であり農民側の弁護人となった戒能通孝の著作『小繋事件』にもなったことでもある。

とはいえ、マルクス自身、ドイツでの森林盗伐問題を直視したからには、新聞記事を書かずにはいられなくなり、哲学の専門研究から経済学を志すことになった。マルクスは、『ライン新聞』の主筆となり、それを契機に『独仏年誌』、『新ライン新聞』から『ニューヨーク・デイリー・トリビューン』の寄稿に携わり、『チャーティズム』や『ピープルズ・ペーパー』などの新聞記事に、経済的な時事問題を掲載していたのであった。この『ライン新聞』について、フランツ・メーリングがいうには、もともと『ライン新聞』は、1842年1月1日以来ケルンで発行された政府の新聞であった。『ケルン新聞』の専制を打破するために政府がその前身にあたる『ライン一般新聞』に政府が免許を与えて株式を発行して資本を調達し裕福な市民たちで会社を設立した。マルクスは『ライン新聞』の主筆であったが1843年にライン州最高官吏によって発行禁止にされたために、3月17日に辞職している。この州のライン河沿岸は高度に発達した資本主義的生産様式を容易にする目的をもっていたとされている（『カール・マルクス〈第1巻〉―その生涯の歴史』栗原佑訳（1953）大月書店、52－53頁）。また「マルクスからアルノルト・ルーゲにあてた手紙」（1834年1月25日）では、辞職の理由について「『ライン新聞』は弾圧のなかに政治的意識の進歩がみられるのですから、したがって私はあきらめています」としたためていたのであった。

次に第二の論文『ヘーゲル法哲学の批判から』は、マルクスが観念論

から唯物論に移行する過程における重要かつ未完成の膨大な手稿でありながら、マルクスは「市民社会の解剖は経済学にもとめなければならないということ、これである」という。

続く第三の論文「ユダヤ人問題によせて」では、民族問題についてのブルーノ・バウアーの観念論的・神学的な立場を批判して「政治的解放」──この言葉によってマルクスはブルジョア革命を理解している──と、「人間的解放」すなわちあらゆる社会的抑圧と政治的抑圧とから人類を解放する社会主義革命との根本的な差異について、深遠な思想を展開している。若き日のマルクスの叙述的な表明は、翌年1844年に刊行された『経済学・哲学草稿』での「類的存在」「類的生活」などのドイツ古典哲学的な述語が本論文で随所に現れている。この論文は『ヘーゲル法哲学批判・序説』などと『独仏年誌』に所蔵されているものである。

続いて、『マルクス＝エンゲルス全集第七巻』に綴じられている「フランスにおける階級闘争、一八四八年から一八五〇年まで」を考察する。この第七巻の序文では、マルクスとエンゲルスの2人は、他の国のプロレタリア運動の革命的活動家たち、すなわちフランスのブランキ派の亡命者や、イギリスのチャーティスト左派と密接な連絡をたもち、1850年9月には彼らと共同で「革命的共産主義者万国協会」を設立した。1850年にマルクスの編集でハンブルクで創刊された雑誌「新ライン新聞、政治経済評論」はプロレタリア党を活発化するための手段であった。この雑誌に発表されたのが「フランスにおける階級闘争、一八四八年から一八五〇年まで」である。この論文のなかで、マルクスの革命理論とプロレタリアートの独裁の理論を発展させている。革命が「歴史的機関車」であり歴史の発展の歩みをはやめ、人民大衆の強大な創造力を明るみにだすこと、19世紀の諸革命の決定的な力がプロレタリアートであることを示している。労働者階級が政治的権力を獲得する必要を証明しながら、マルクスは「プロレタリアート独裁」という古典的な述語をもちい、この独裁の政治的・経済的・思想的な任務を明らかにしている。

さらに、『資本論』第一巻を上梓してから8年後にあたる『マルクス＝エンゲルス全集第十九巻』の『ゴータ綱領批判』を考察する。第十九巻序文では、マルクスは、社会主義が資本主義のなかから生まれてくること、したがってそれはあらゆる点で、経済的にも道徳的にも精神的にも、社会主義が生まれてきた母胎たる旧社会の「母斑」をまだおびてい

ることを指摘している。そこで、社会主義のもとでは人々の不平等は避けられないと、マルクスは考える。社会的生産物が人々の必要におうじてではなく、社会の各成員の支出した労働量におうじて分配されるという状態は、社会主義のもとではまだとりのぞくことはできないからである。「一つのかたちの労働が別のかたちの等しい量の労働と交換される」——これが、達成された経済発展水準にもとづくと同時に、そんな法的基準もなしに社会のために働くことを人々がまだ学びとっていないという事実にもとづく社会主義的原則である、というのである。マルクスの権利概念に対し肯定的あるいは批判的に考察するものである。

1 「第六回ライン州議会の議事（第三論文）——ライン州人」（1842年）

　上流身分の慣習法は、・・・明らかに不法な慣習法である。・・・理性的な**慣習的権利**とは、普遍的法律が形成されている時代においては、法律上の**権利**に合致した慣習にほかならない。・・・こうして、**権利**は、もはや慣習が理性的であるかどうかという偶然に左右されることはなくなり、**権利**が法律化され、慣習が国家の慣習となってしまうがゆえに、慣習自身が理性的なものとなるのである。・・・／これまで、特権身分の人々は、法律のうちに彼らの**理性的権利**の承認をもとめたのみならず、しばしば非理性的な越権行為の承認をもとめたのであった。彼らは法律に反して先取りする**権利**をもってはいない。というのは、法律は、彼らの**権利**から導きだされるあらゆる可能な帰結をば、すでにあますところなく先取りしてしまっているのだから。・・・ところで、このような上流身分の**慣習的権利**が理性的な**権利**の概念に反する慣習であるのにたいして、貧民の**慣習的権利**は、現存の**権利**〔実定法〕の慣習に反する**権利**である。・・・この貧民の**慣習的権利**は、そのもっとも豊かな源泉を種々なゲルマン的権利にもとめられうるのだが、啓蒙的な立法機関からはまったく一面的にしか取扱われず、またまったく一面的に取扱われるほかなかった。・・・したがって、貧民階級のこれらの慣習のなかには本能的な**権利**感覚が生きており、その慣習の根源は確固として正当なものである。そして従来、貧民階級の存在そのものが市民社会の単なる慣習であるにとどまり、自覚的な国家組織の領域内ではまだふさわしい地位を獲得するにはいたらない慣習にすぎなかったことをおもえば、貧民階級のあいだでの**慣習的権利**という形式はこの場合なおさらに自然的で

あるといわねばならない。　　　　　　　　（S.116−138; 134−138頁）

　この叙述は、権利は法律になる、慣習は国家の慣習になる、よって慣習は理性的である。したがって、権利は理性、すなわち権利は、法律で規定された国家が慣習的で理性的となりうる。困難きわまる論法で結論を導き出そうとする。結局のところ国家的公民は、国法中でただ彼自身の理性、人間的理性という自然法のみにしたがうものとなした。本文では、特権身分の人々の慣習的権利と貧民の慣習的権利のどちらが理性的権利なのかを峻別しなければならないのである。論点を整理する。上流身分、特権身分の慣習的権利とは、国家が権利を立法化したものが慣習となり、それが理性的となったにすぎない。これに対し貧民の慣習的権利は、本能的な権利感覚が生きており、その慣習の根源は正当なものであるが、貧民階級の慣習となれば、いまだ市民社会の慣習にすぎず、国家の枠内の自覚的な地位を獲得するにいたらないものである。すなわち、特権身分の慣習的権利は、国家法が認めた非理性的な権利ということになる。その一方でマルクスは、研ぎ澄まされた理性の内実について「『独仏年誌』からの手紙─マルクスからルーゲ」あてに告げていた。「理性はつねに存在していたのであって、ただかならずしもいつも理性的な形態では存在しなかっただけである。だから批判者は、理論的および実践的な意識のどの形態からでも出発して、現存する現実の固有な形態からそれの当為および究極目的としての真の事実を展開することができるのである。ところで、現実の生活についていえば、まさに政治的国家こそ、たとえそれがまた社会主義的な要求によって意識的にうみだされていない場合でも、それの近代的形態のすべてのうちに、理性の諸要求を含んでいるのである」（Marx［1843］S.345; 381頁）。そして、さらにマルクスが影響を受けていたヘーゲルの『法の哲学』（1821年）序文に記された法と理性について一読してもらいたい。「人間の理性は法のすがたで人間に出会うにちがいない。だから人間は法が理性的であることに目を向けなければならない」（『世界の名著44　ヘーゲル』中央公論社、1978年、140頁）ことが理性的権利の判断に役立つであろう。

2　「ヘーゲル法哲学の批判から」（1843年）

　立法権は憲法にかなった一つの権力である。したがってそれは憲法に包摂されている。憲法は**立法権**のための法である。それは立法権のために立法してきたし、そのために常に立法する。**立法権**はただ憲法の枠内で**立法権**であるにすぎないのであり、そして憲法はもしも**立法権**の枠外にあるならば、法の外（hors de loi）に在ることになるだろう。ここに衝突がある（Voilà la collision!）。・・・／それでは憲法そのものは「**立**

法権」の埒内にはいるべきなのか？・・・立法権はフランス革命をやった。総じて立法権はその特殊性において、支配的なものとして登場したところでは、もろもろの大きな組織的、普遍的な革命をやった。それは憲法そのものをやっつけたのではなくて、一つの特殊な、骨董化した憲法をやっつけたのである。それは、立法権が国民の代表であり、類意志の代表であったからにほかならぬ。これに反して統治権はもろもろの小さな革命、後退的な革命、反動をやった。それはなにか新しい憲法のために、古い憲法に対して革命をやったのではなくて、憲法そのものにたいして革命をやったのである。それは統治権が特殊な意志の代表であり、主体的恣意の代表であり、意志の魔術的部分の代表であったからにほかならぬ。／正しい問い方をするなら、これは、国民は自分たちのために新しい憲法を設ける権利があるかということにほかならぬ。これは無条件的に肯定されねばならない。けだし憲法は民意の真のあらわれであることをやめるやいなや、一つの実践的幻想になっているのだからである。憲法と立法権との衝突は憲法のそれ自身との衝突、憲法の概念のうちになる矛盾にほかならない。　　　　　　　　　（S.257－260;291－294頁）

　本文では、「立法権は憲法にかなった一つの権力である。したがってそれは憲法に包摂されている。憲法は立法権のための法である」といい、しかもさらに「正しい問い方をするなら、これは、国民は自分たちのために新しい憲法を設ける権利があるかということにほかならぬ」という。ヘーゲルの『法の哲学』（1821年）「立法権」では、「立法権にかかわるのは、つぎつぎとさらに進んで規定される必要があるかぎりでの法律としての法律と、内容上まったく普遍的な国内的諸要件である。この権力はそれ自身、国家体制ないし憲法の一部分であり、これを前提としている」（『世界の名著44ヘーゲル』中央公論社、1978年、553頁）。マルクスの立法権と憲法の位置づけは、強い影響を受けていたヘーゲル哲学から抜け出せない一説である。さて、マルクスの立法権は、憲法が認めた権力をもつものである。したがって立法権の権力を規定した法が憲法なのである。しかし、正しくいうとすれば、新たな憲法を設ける憲法制定権は国民にあるという。言い換えれば、民主主義にもとづいた主権は国民にあるということである。マルクスがいうにおよばず、やがて憲法と立法権との衝突は避けられないことになる。

　これに対し、憲法上の立憲主義とは、憲法によって立法権、司法権、行政権たる国家権力を統制し、個人の権利・自由を実現するものである。し

かも、憲法は、国の最高法規である。いかにも現下の日本において憲法改正論議が進むのは、資本主義国家が司法権、行政権を捨象した立法権が国権の最高機関としての統治権で人治していることと同時に法の支配の国家法たる強硬法規をもって諸国民を支配する地位にそびえ立ちその機能と全権力を掌握しているからである。

3 「ユダヤ人問題によせて」（1843年）

　バウアーによれば・・・「人権の思想は、キリスト教世界にとっては、前世紀になってはじめて発見された。この思想は人間に生まれながら備わっているものではなく、むしろ人間が従来はぐくまれてきた歴史的伝統にたいする闘争のなかではじめて取得されたものである。だから人権は自然の贈り物でもなければ従来の歴史的持参金でもなくて、出生の偶然にたいする、また歴史がこれまで代々つたえてきた特権にたいする、闘争の代償である。それはきずきあげられた成果なのであって、みずからかちとったものだけがこれを所有できるものである。」・・・**人の権利**すなわち**人権**は、そのものとしては、**公民の権利**すなわち**公民権**から区別される。公民（citoyen）から区別される人（homme）とはだれか？市民社会の成員にほかならない。なぜ市民社会の成員は「人間」、ただの人間と呼ばれ、なぜ彼の**権利**は**人権**と呼ばれるのか？どこからこの事実は説明されるか？政治的国家の市民社会にたいする関係、政治的解放の本質、からである。／なによりもさきにわれわれの確認することは、いわゆる**人権**、すなわち**公民の権利**とは区別された**人の権利**が、市民社会の成員の**権利**、すなわち利己的人間の、人間と共同体とから切りはなされた人間の権利にほかならないという事実である。

　もっともラディカルな憲法である1793年の憲法に語ってもらおう。人および市民の**権利宣言**。第2条、「これらの**権利**（自然で消滅することのない**権利**）は、平等・自由・安全・**所有権**である。」自由の本質はどこにあるか？第6条、「自由は、他人の**権利**を害しないすべてをなしうる、人の権能である。」あるいは、1791年の**人権宣言**によれば「自由は、他人を害しないすべてをなしうる権能にある。」したがって自由とは、どの他人をも害しないすべてのことをしたり、やったりできる**権利**である。・・・けれども、自由という**人権**は人間と人間の結合にもとづくものではなく、むしろ人間と人間の区分にもとづいている。それはこうし

た区分の**権利**であり、局限された個人の、自己に局限された個人の、**権利**である。自由の**人権**の実際上の適用は、私的所有という**人権**である。／私的所有の**人権**の本質はなんであろうか？第16条（1793年の憲法）、「**所有権**は、すべての市民が任意にその財産、その所得、その労働およびその労務の成果を収益し、および処分する**権利**である。」／したがって私的所有の**人権**は、任意に、他人にかまわずに、社会から独立に、その資力を収益したり処分したりする**権利**、つまり**利己の権利**である。まえに述べた個人的自由と、いま述べたその適用とが、市民社会の基礎となっている。・・・だからいわゆる**人権**はどれ一つとして、利己的な人間以上に、市民社会の成員としての人間以上に、すなわち自分の殻、私利と我意とに閉じこもり共同体から区分された個人であるような人間以上に、こえでるものはない。**人権**において人間が類的存在としてみなされるどころか、むしろかえって類的生活そのものである社会が、個々人の外部わくとして、個々人の本来の自立性の制限としてあらわれるのである。・・・さらに公民であることが、政治的共同体が、政治的解放者たちによって、このいわゆる**人権**の保全のための単なる手段にまで引きさげられたこと、したがって公民（citoyen）は利己的な人間（homme）の召使と宣言され、人間が共同的存在としてふるまう領域の下におしさげられ、結局、シトワイアン〔公民、citoyen〕としての人間ではなしに、ブルジョア〔市民社会の一員〕としての人間が本来的な真の人間だと考えられたこと、このことをわれわれが知るとき、さきの事実はますます謎となる。

　政治的解放は、同時に人民から疎隔された国家制度が、つまり支配者の権力が、よってたつところの、古い社会の解体でもある。政治的革命は、市民社会の革命である。古い社会の性格は何であったか？それはひとことであらわすことができる。すなわち封建制度である。古い市民社会は政治的性格を直接的なかたちでもっていた。すなわち、たとえば財産とか家族とか労働の様式とかのような、市民生活の諸要素は、**領主権**、身分、職業団体といった形で国家生活の要素にまで高められていた。・・・／市民社会の成員であるこういう人間が、いまや政治的国家の土台であり前提である。人間は、**人権**のなかで、国からこうしたものとしてみとめられている。・・・政治的国家の構成と独立の諸個人—身分人や同職組合人の相互関係が特権であったように、諸個人の相互関係

が**権利**である──への市民社会の解消とは同じ一つの行為によって完成される。ところで、市民社会の成員としての人間、非政治的な人間は、必然的に自然的な人間としてあらわれる。**人の権利は自然権**としてあらわれる。なぜなら、自覚的な活動は政治的に集中するものだからである。
（S.362－369；399－406頁）

　労をいとわず長文の引用であったから論点を整理しておこう。
　バウアーによる、人権の思想は特権にたいする闘争の代償である。一方、マルクスは、人権は公民権から区別されなければならないという。1793年の憲法では、自由という人権は、人間と人間の区分にもとづいた、自己に局限された権利としての私的所有の人権に帰着する。この人権の本質は、市民社会の基礎となり、憲法の所有権は労働の成果を収益する利己の権利となりうる。だがマルクスのいう類的存在や類的生活に根差した共同体社会は、政治的解放者に個人の自立が制限され、人権保全の手段にまで引き下げられてしまい公民ではなしに結局、ブルジョア社会の一員となり、市民社会の成員となる。ただし、市民社会の成員としての人間、つまり非政治的な人間は、必然的に自然的な人間として現れるからつぎのことを伴っている。総じてマルクスの人権とは、人間の権利が自然権として現れるのであり、かくしてマルクスがフォイエルバッハの影響を受けている人間主義と自然主義に導かれたゆえの人権概念に実を結んでいるのである。
　では自然権とは何か。アメリカ独立革命は、「すべての人」の「奪うことのできない一定の権利」（1775年、独立宣言）といい、フランス革命は、「人の、時効によって消滅することのない自然権」（1789年、人権宣言）というように、身分的自由をこえた人権が自然権であるとしている。

4　「フランスにおける階級闘争　一八四八年から一八五〇年まで」（1850年）

　1848年2月25日はフランスに共和制をさずけたが、6月25日はフランスに革命をしいた。そして、革命は、2月以前には国家形態の変革を意味していたが、6月以後はブルジョア社会の変革を意味した。・・・6月事件以前に起草された最初の憲法草案には、プロレタリアートの革命の要求をまとめた最初の無器用な公式、*"droit au travail"* **労働の権利**がまだあった。これが、*droit à l'assistance* 公の扶助をうける**権利**に換えられてしまった。
　だが、近代国家で、なんらかの形で窮民を扶養しない国家があるだろうか？**労働の権利**は、ブルジョア的な意味では一つの背理であり、みじめな、かなわぬ願いである。しかし、**労働の権利**のうしろには、資本に

たいする強力があり、資本にたいする強力のうしろには、生産手段の取得、結合した労働者階級の支配下に生産手段をおくこと、すなわち賃労働と資本、および両者の相互関係の廃止がある。「**労働の権利**」のうしろには六月反乱があった。憲法制定会議は、革命的プロレタリアートを、事実上 hors la loi 法律の保護外においたのであるが、この議会は彼らの〔革命的プロレタリアートの〕公式を、原則上、法律中の法律である憲法から締め出さねばならなかった。つまり「**労働の権利**」に破門を宣告しなければならなかった。

(S.35-42;32-39頁)

　1848年2月25日の革命は、通例、フランス二月革命といわれている。その後6月の労働者蜂起は大敗に終わった。労働の権利は、事実、マルクスの論文「一八四八年十一月四日に採択されたフランス共和国憲法」(1851年)では、「六月事件以前に起草された最初の憲法草案」が明記されている。第7条所定では、「労働の権利は、社会のおのおのの成員が労働によって生活する権利である。したがって、他に仕事を得る方法をもたないすべての健康な個人に仕事を供給することは、社会の義務である。」(S.494;502頁)と認めていた。前条第6条では、教育を受ける権利を、第8条では扶助を受ける権利をそれぞれ憲法は保障した。だが、1848年6月に中間階級が勝利することによって、これら3つの条文を憲法から削除したのであった。採択された「フランス共和国憲法」は、第8条では、市民に結社および公開集会、出版の自由の権利を保障した。だが、出版の自由は、1848年8月11日と1849年7月27日の法律により、保証金を引き上げ新聞にたいする印紙税を復活して制限をくわえた。結社と公開集会の権利については、1848年7月28日〜8月2日までに公布された諸法令によりクラブは夥しい警察的規制をうけることになり、そのほとんどの自由を否認した。同じ法律によってあらゆる非政治的サークルや私的な会合までが、警察の監督の規制をうけることになった。つまり、フランス共和国憲法では、形式的に認め保障した権利でさえ、実定法の取締法によって、結社の自由、出版の自由の権利が侵害、剥奪されていたのであった。

5 『ゴータ綱領批判』(1875年)

　だから、ここでは**平等な権利**は、まだやはり―原則上―**ブルジョア的権利**である。・・・/生産者の**権利**は生産者の労働給付に比例する。平等は、等しい尺度で、すなわち労働で測られる点にある。だからある者は、肉体的または精神的に他の者にまさっているので、同じ時間により

多くの労働を給付し、あるいはより長い時間労働することができる。そして労働が尺度の役をするには、長さか強度かによって規定されなければならない。・・・この**平等な権利**は、不平等な労働にとっては**不平等な権利**である。だれでも、他の人と同じく労働者であるにすぎないから、この**権利**はなんの階級区別をも認めない。・・・だからそれは、内容からいえばすべての**権利**と同じように**不平等の権利**である。**権利**はその性質上、等しい尺度をつかう場合にだけなりたちうる。・・・したがって社会的消費元本にたいする持ち分は平等であっても、ある者は他の者より事実上多く受け取り、ある者は他の者より富んでいる。等々。すべてこういう欠陥をさけるためには、**権利**は平等であるよりも、むしろ不平等でなければならないだろう。しかし、こうした欠陥は、長い生みの苦しみののち資本主義社会から生まれたばかりの共産主義の第一段階では避けられない。**権利**は、社会の経済構造およびそれによって制約される文化の発展よりも高度であることは決してできない。

（S.20－21;20－21頁）

　本章冒頭の序文を振り返ってみる。「社会主義のもとでは人々の不平等は避けられない」と、マルクスは考える。「社会的生産物が人々の必要におうじてではなく、社会の各成員の支出した労働量におうじて分配されるという状態は、社会主義のもとではまだとりのぞくことはできないからである」とする。しかもマルクスは、労働者における具体的有用労働の不平等を認め単純労働者と熟練労働者を区別していたし、労働の支出量からなる賃金格差や労働の格付けまで認めていた。ロシア革命後のレーニンは、「労働生産性の向上」（1918）という論文で「資本主義から社会主義への過渡期の特殊性」として、テイラー・システムの導入を思慮していた。「テイラー・システムのなかの科学的で進歩的なものの多くを取り入れること、賃金を生産物の生産総額、あるいは鉄道、水運などの業績の総額とつりあわせること、などを日程にのせ、実際にとりあげて試験してみなければならない」として、ロシア人は先進諸国民と比べると働き手としては劣っており、「ロシアでテイラー・システムの研究と教習、その系統的な実験と応用をやり始めなければならない」（『レーニン全集第27巻』、261頁）と述べている。革命直後のソビエト社会主義では、テイラー・システムの導入を試みていたが、それは発生したばかりの社会主義国家建設のための実験的な導入であった。だからといってレーニンは労働者相互の不平等は認めてはいなかった。マルクスは社会主義社会においては、不平等の権利を欠陥であると認めながら避けられないと明言していたのである。

マルクスは、平等な権利を定量化したうえで、不平等な欠陥は避けられない結論に到達したのである。具体的有用労働に重心を置きながら価値の実体である質的同等な抽象的人間労働を見ずに、労働の尺度という「測り」を利用した。そして労働者を測りで賃金格差をつけ労働を格付けし、労働を等級化したのである。このことは人類史的な著作である『資本論』第一巻第六篇第二十章の「労賃の国民的相違」と同様にマルクスは自己撞着に陥ってはいないだろうか。働けない人々は平等にあつかわれるのか。社会主義になっても、労働者の権利とは何を意味するのか。いかにも『ゴータ綱領批判』は、マルクスが『ドイツ労働者党綱領評注』と名付けた、比類なき科学的共産主義の基本的な綱領的諸問題を展開するうえで最も基調に寄与したとされた著作である。発生期の社会主義とはいえ、各人それぞれに、背丈や体重などを含めた天稟から生ずる身体的機能や生理的機能、精神的感覚作用には個人差があり、また血液型からの個人差はデオキシリボ核酸からのものであり人間だれしも避けられないことである。こういう天稟からの個人差は差異ではなく個性であるから不平等とはいわない。女性が懐胎して妊娠期間を経て出生する時の新生児は、民族やら国籍、門地や場所や時間などまったく関係なくして、すべて裸体で出生するものである。終わることなき平等のはじまりである。それがどんな宿命を背負わされた新生児であったとしてもまったく差異なき平等にはなんら変わりはないのである。

この平等権は日本国憲法が規定している。第13条が個人の尊重を包括的人権とし、第14条の平等条項は、個人と個人の実質的な差異を認めたうえで、同一の事情と条件の下では均等に扱う平等権としての法定立の平等と法適用の平等が保障されている。公権力はこの基本的人権を侵害してはならないのである。

それだからこそ、マルクスのいう労働を一尺度として、労働の給付に差をつけ不平等の権利が合理的であるということに対して、尊敬にあたいする人士マルクスに批判を呈する。社会経済民主主義とは何かを問うものである。すなわち具体的には測りを引き出してきて、天稟である労働力を尺度してまで定量化することが社会主義といえるのか。考えるには及ばないかもしれないが、定性的な個人差をはじめ、各種の権利や、労働力、知力、洞察力その他養われてきた基本的素養から精神的、及び肉体的活動を互いに認めあう人間的な相互作用がある。個人に備わる俊敏な個性、脳の可塑性に由来する瑞々しい人格の形成、これらを兼ね備えまた兼ね備えようとする人間であることを確証したうえで、人間と人間が共に協働を基調に互酬性をもって働き続け、等しい権利のもとで等しく給付され等しく分配され、均霑される。これこそ何人も等しく生きることを第一の社会的条件とすべき社会主義ではなかったか。

マルクスがいう社会主義とはいえ不平等な権利は、失当である。概して、不平等な権利は不平等を人間と人間に固定化するものである。失当な権利は、現代日本の権利体系とは相いれないものである。さらに、「権利は、社会の経済構造およびそれによって制約される文化の発展よりも高度であることは決してできない」とマルクスはいう。この明言に応じよう。すなわち、資本主義社会とその国家形態に対応した権利とは、ある一定の政治的経済的諸条件を考慮すれば、歴史的成果であり、民主主義のもとでの結晶なのである。それゆえ教育文化や社会的基礎的素養の程度と学術研究の高度化、現代の社会を取り巻く生活環境の整備と創設、社会運動と労働運動、裁判闘争などの諸結果から規定された、発展の前に一度後退したのちに、創造的で発展した権利が現象形態となって実在している。こうした過程を経て憲法の諸原理が展開し新しい人権となって派生し、生成発展することゆえにそのことが確証することができるのである。総じて権利は社会の経済構造の枠組みをはるかに超えうる形態となるであろう。

終章

『資本論』と唯物史観をめぐる諸学説

終章　『資本論』と唯物史観をめぐる諸学説

　この章では、『資本論』と唯物史観に焦点をあてた代表的な学説を考察する。第一は、日本資本主義論争の労農派の論客であり、九州大学教授、労働大学学監、社会主義協会代表などを歴任した**向坂逸郎編著『働くものの資本論』**（1977年、ありえす書房）に綴られている「『資本論』の意味するもの」（向坂逸郎）から「マルクスの思想的発展」と「唯物史観の成立」とを抄出する。次いで、**『新・私の社会主義』**（1975年、至誠堂）では「『資本論』の意味するもの」をも抄出して、『資本論』の意義とその地位を確認する。向坂逸郎は、労農派とはいえ、『資本論』と唯物史観とを社会主義革命への書と思想として捉えるあまり、マルクス主義経済学的な論調で社会主義社会を自然法則のように解き明かす傾向にあり、やがて革命が自然必然的な法則とするのである。だが、現代の日本資本主義思潮にはほぼ見られない貴重な論究の一つであるため明るみにするものである。

　第二は、労農派の系譜をひく研究者の中から「非正統」マルクス学派を形成した**宇野弘蔵**である。日本資本主義論争では、『資本論』の原理論を、直接に日本資本主義分析のような現状分析に適用して、その特殊性を一面的に封建的なものとする講座派と、その逆に原理論的な発展傾向を一面的に強調する労農派との対立を生んでいた。宇野弘蔵は、ドイツのような後発的資本主義国の金融資本による発展の様相をそのもとでの農業問題とあわせて、段階論の一環においてあきらかにし、これを原理論とともに考察基準として現状分析をすすめるならば、日本資本主義の一般性と特殊性とがより正確となり、したがって、日本資本主義の後進国の位置づけなしにはこの論争の問題が解けないことを明らかにした。大原社会問題研究所嘱託を皮切りに、東北帝国大学助教授、労農派学者グループとして人民戦線事件に連座、治安維持法で検挙されるが無罪、三菱経済研究所に転職、東京大学社会学研究所所長、法政大学大学院社会科学研究科教授を歴任した。『資本論』の構成を変えた原理論をはじめ、段階論、現状分析としての宇野理論として世に知られている。学術論文はほぼ『宇野弘蔵著作集』に収録されているがここでは**『「資本論」と私』**のなかの**『「資本論」と社会主義』**（櫻井毅解説、御茶の水

書房、2008年）を抄出する。本論文は1948年12月号の『経済』に掲載されたものである。『資本論』の恐慌論を背景にして原理論を科学的に分析し理論と実践、科学とイデオロギーを峻別したうえで原理論によって社会主義を裏付けることを深く考究する。加えて、**宇野弘蔵著作集第九巻**（1974年、岩波書店）のなかの「経済学と唯物史観」をも抄出して、『資本論』と唯物史観の関連性を摘出する。向坂・宇野の両者は、日本資本主義論争にかかわりあう労農派の系譜ではあるが、『資本論』を科学的な原理論、すなわち理論体系の中に潜む資本主義の基本的矛盾である特殊な労働力の商品化の認識から社会主義を導き出すのか、それともこの大著と共に唯物史観から社会主義社会を導きそれを変革のための書とするのか。これら社会主義社会を領導するとは大きな認識的位相が見られ、二人の論究がきわめて明白に二元論のように分岐されていて、それが概して学問的造詣の差異を与えてくれている。

　そして、第三は伊藤誠の学説である。**伊藤誠**は、東京大学名誉教授、日本学士院会員でありながら、宇野学派の系譜を継承しつつ、海外でのカンファレンス報告などで宇野理論や伊藤理論を紹介したりした世界的なアカデミシャンである。伊藤誠は、『資本論』では商品そのものの発生を市場経済外生説に求め、その市場経済を重視したうえで、21世紀型社会主義のモデルとして市場社会主義論を論理的に展開するほか、学問的業績は転形問題やモンペルラン・ソサエティ批判である『逆流する資本主義』などとあわせて果敢に学界に寄与していた。夥しい著作の一つである**マルクスの思想と理論**（2020年、青土社）から唯物史観を「導きの糸」とする科学的社会主義論の一端を抄出する。

1　『働くものの資本論』と『新・私の社会主義』
（1）マルクスの思想的発展

　人間は、時に大事なことを忘れている。例えば人間は発達するものであるという、まことにかんじんなことである。労働組合などで、学習のことについて話をしていると、私たちは学校をでていませんとか、いい講師がおりませんとか、いくら本を読んでも進歩しませんとか、そういうなげきをきく。これらのなげきは、人間が発達し、成長するものであることをわすれているのである。マルクスは大学を出た人であったが、マルクスの生涯の友であり、自分では謙遜して、「第二バイオリン」といっ

ていたエンゲルスは、高等学校を中退した人である。日本でも、堺利彦は高等学校中退、山川均は同志社中退、荒畑寒村が監獄のなかで英語を勉強してものにするくだりを『寒村自伝』（岩波書店）で読んでみるとよい。その辛苦のさまは、学習に志す者を奮起させないではおかない。

　どんな人間でも、生まれるときから万事を身につけてくる者はいない。マルクスほどの天才でも、「万国のプロレタリア団結せよ！」といいながらおふくろのおなかのなかから出てきたわけではない。少年時代からよく勉強し、大学生の時代には、すでにベルリンの「ドクトル・クラブ」の仲間にいて、その中心人物である彼より十歳くらい年上のブルーノ・バウアーとともに重きをなしていた。バウアーは、そのころすでにある程度、論壇で名をなしていた。かれのキリスト教の起源と批判に関する論壇は、今日でも生命をもっている。

（2）社会主義へ

　マルクスが『ライン新聞』の編集の職を辞したのは、1843年3月17日であった。彼は、この年の6月19日、婚約して7年ほど待たせたジェニー・フォン・ヴェストファーレンとクロイツナハで正式に結婚した。ジェニーは父を失って、母とともにクロイツナハに移り住んでいたのである。アルノルト・ルーゲとともに計画していた雑誌『独仏年誌』を発行することになった。1843年新婚の夫婦はパリに住むことになった。パリでは、先にルーゲの手紙にあるような勉強を続ける。ヘーゲルその他哲学の再検討、フランス革命史その他歴史研究、そして何よりも経済学の研究に没頭して、このころアダム・スミス、リカードゥ、ケネー、セー、シスモンディ、ジェームズ・ミル等々イギリス、フランスの主要なる経済学書を読みふけっている。

　『独仏年誌』にマルクスが載せた論文は、「ルーゲに寄す」、「ユダヤ人問題」、「ヘーゲル法哲学批判序説」である。マルクスのヘーゲル再検討、フォイエルバッハの哲学の影響、古典派経済学の吸収、フランスにおける共産主義者の著作と彼らの活動とその接触などの事情は、マルクスの思想を飛躍的に発展させている。『独仏年誌』におけるマルクスの論文と未発表の「経済学および哲学に関する手稿」は、その頃のマルクスの勉強ぶりとその進展をよく示している。ここでは、マルクスはもはや唯物論者であり、同時に社会主義者である。とくに「ヘーゲル法哲学批判

序説」は、ヘーゲル批判とともに唯物論的な社会主義を示している。「経済学および哲学に関する手稿」は、疎外された労働を分析し、『資本論』への傾斜を明らかにあらわしている。この頃、マルクスは、エンゲルスとともにブルーノ・バウアーやその他のヘーゲル左派を批判した『聖家族』を共同執筆している。この本は、1845年にドイツで公にされたが、執筆は44年の秋である。この書は、マルクスとエンゲルスにとって、二人の革命家の生涯を結びつけた記念碑である。同時に二人の天才が人類の歴史の上に残した友情の象徴でもある。

　『聖家族』は、マルクス・エンゲルスの最初の著書である。この本でマルクスとエンゲルスは、明白に社会主義者であり、唯物論者である。ここでは、二人はすでに空想的社会主義者たちをはるかにぬいていて、資本主義の基本的な矛盾と、この解決を背負う階級であるプロレタリアート、すなわち、近代的労働者階級を発見している。そして、資本主義の矛盾が、必然的にこの階級をして社会主義社会を実現せざるをえないようにしていることを主張している。それは、まさに、『資本論』がのちに示す「資本主義的蓄積の一般的法則」の発見への道に足を踏みいれている。しかし、ここでは、まだ、すぐ次にしめされる史的唯物論の体系は組織化されて示されてはいない。そして、社会主義の必然性が、まだ哲学者の言葉をもって語られていて、経済学者の言葉をもってかたられてはいない。ということは、資本主義的蓄積の法則の経済分析が欠けていて、社会主義の必然性が、資本主義の精密な分析の結果としてはしめされてはいない。マルクスは、ここで、マルクシズムの建造の寸前に迫ってはいるが、言葉の正確な意味では、マルクシストではない。そこには、唯物論が歴史の発展と結合されているのに、体系が不足している。つまり、経済学的分析の不足がある。物質的生産力とその社会の経済構造との基本的な矛盾の発展がたりないというのである。

（3）史的唯物論の成立

　マルクスは、フォイエルバッハの影響を受けている。しかし、彼がこの影響を受けて、フォイエルバッハの中から正しい唯物論を掴みとったときは、彼は、同時にフォイエルバッハの欠陥を批判することができた。マルクスは、その頃、ルーゲに与えた手紙（1843年3月13日付）の中で、フォイエルバッハの「哲学改革の暫定的提言」を読んで感想を述べてい

る。フォイエルバッハは、自然に注意を向けてその唯物論を正しく述べているが、唯物論を社会に向けて、これを説明しえない。そしてこのことが大事だ、というのである。マルクスは、1845年3月頃に「フォイエルバッハに関するテーゼ」を書き、これはフォイエルバッハ批判の要綱で、唯物弁証法の要綱もあるていど明らかになっている。この中で「社会生活は本質的に実践的である」と述べている。このことを果たしたのが、1845年9月頃からマルクスとエンゲルスとで執筆し始めた『ドイツ・イデオロギー』である。マルクスは、1845年1月11日付でフランス政府から追放されて、ブリュッセルに移っている。

マルクスは、社会の発展の法則が、どのような社会関係の中に、必然性を貫いているかを見出そうとして、成功したのである。マルクスは『ドイツ・イデオロギー』の中で、こう述べている。なるほど社会生活は本質的に実践である。だから、歴史は人間の行動の成果である。しかし、「人間は『歴史をつくり』うるために生きることができなければならない。生きるためには何をおいても衣食住が必要である。だから最初の歴史的行為は、そのような欲望をみたすための手段をつくること、すなわち物質的生活そのものの生産である。しかも、このことは、いく千年前の者と同じように、今日もなお人間を生存させておくには毎日毎時充足せねばならない。一つの歴史的行為であり、いっさいの歴史の根本条件である」。人間は、歴史をつくるが、全く自然から独立して生きることはできない。自然の一定の発展段階に生成した人間は、自然と無関係に存在することなどできない。

このように、人間は自然と社会の中で生活しているが、この社会は、自然の一定の発展段階にできた人間の生活であるのだから、自然からはなれて成立することはない。人間は自然により、自然と結びつきながら、自然にない独立の社会生活をもっている。マルクスは、この社会生活が、どのように自然に依存しながら発展するかを明らかにした。自然と人間社会とを統一して理解するのが、史的唯物論である。

資本主義社会のように、生産手段を所有する階級とこれをもたないで、自分の労働力を生産手段の所有者に売って生活するほかに方法のない労働者階級とで、できているところでは、階級対立をもってつくりあげられている。このような生産関係では、生産力の発展は、労働者階級の負担において、この階級を犠牲にして進行する。この矛盾が先鋭化して、

資本主義という経済様式の中では、どうしても解決できないようになったことが明らかになる。このようにして、社会革命がおこなわれ、社会形態そのものが、変革されて社会主義ができる。労働者階級は、社会主義社会をつくることによって、資本主義が解決できなかった社会経済構造の矛盾を解決する。社会の経済構造を物質的生産力の発展に適応しようとしたのである。社会革命とはこのようなものである。

(向坂逸郎［1977］281-295頁)

(4)『新・私の社会主義』

　マルクスは、『資本論』の原本第一巻で、社会主義社会の必然と客観的法則を明らかにする。『資本論』のこの章は、資本主義の量的発展が社会主義へと質的に転化するという弁証法を、あざやかに示している。『資本論』の原本第二巻は、資本主義の流通過程を分析し、第三巻は、資本主義的生産の総過程を見る。資本主義の根本的な法則が、この社会の経済の総過程の中で、どのように自己を貫くかを示すのである。したがってまた、資本主義の根本的な矛盾が、資本主義のあらゆる局面で現れる。マルクスの世界観は『資本論』によって、完成されたということができる。階級闘争と社会主義の必然性が、資本主義の経済体制の基本的な矛盾との関係において、正確なる分析にもとづいて闡明にされたからである。いうまでもなく、『ドイツ・イデオロギー』におけるマルクス・エンゲルスは、ほぼこの世界観に達していたのであるが、『資本論』は、言葉の最も正しい意味で、マルクシズムを完成したというべきである。階級および階級闘争が、さらに階級闘争の頂点である社会主義革命が、資本主義の生産諸関係に、いいかえると資本主義経済構造とその発展に、必然的に結びついていることを、『資本論』は心ゆくばかり明らかにした。『資本論』は、近代労働者階級の歴史的性格を明らかにするために書かれたということもできる。近代労働者階級にとっては、自己の歴史的使命を明らかにした真理の書であると同時に、実践の書でもある。

(向坂逸郎［1975］72-73頁)

2 「『資本論』と社会主義」と『宇野弘蔵著作集第九巻』
(1) 「『資本論』と社会主義」

　マルクスにあっては、従来の他の経済学と異なって、ドイツ哲学とフランス社会主義という、当時においては人類最高の思想的産物が、已に徹底的に批判的に研究せられ、摂取されていたのであって、これを基礎にして行われたのである。アダム・スミス、リカードゥによって樹立された所謂古典経済学は、此処に始めて科学として確立せられたのであった。『資本論』はその理論的構造を、一定の実験装置としての純粋の資本主義社会において明らかにし乍ら、それが一定の根拠によって成立していることを明らかにし、同時にその根拠の変化と共に崩壊せざるをえないものとして、これを明らかにしたのである。

　運動するものの理論的把握は、そのいわば静態の内に、動態を理解する方法を必要とするのである。それはマルクスの言葉を借りれば「現存するものの肯定的理解の内に同時に、又その否定の、その必然的な崩壊の理解を包含」（『資本論』第二版序文）するものでなければならない。『資本論』が資本主義の経済構造を明らかにしているのは、そういう意味のものである。それは資本主義社会の肯定的理解の内に、その否定的理解を包含する。マルクスが、資本主義の分析から直ちに社会主義の処方箋を書かなかった理由も、此処にある。それは、科学としての『資本論』に当然のことといわなければならない。

　『資本論』は、そういう意味で資本主義を最も深刻に、徹底的に批判的に分析したものとなったのであるが、資本主義社会は歴史的に最も発展した、最も複雑な組織体である。しかも、此の組織体を、階級社会であり乍ら最早や階級社会の外観をさえ与えないで、構成している。それは階級的支配服従の関係を、直接に宗教的な、政治的なものとしてでなく、商品経済に立つ自由平等に於いて実現する。人が他の人を手段とする関係を、商品形態を通して確立する。所謂搾取関係は、自由なる契約の下に行われる商品経済を基礎にして確立される。云い換えれば此の形態は、再び階級関係に新たなる形式を見出し得ないものにまで発展して来ているのである。社会主義が現実的に問題となる根拠はそこに与えられているのであった。

　如何なる社会も人間の労働なくして成立するものではない。階級社会は此の人間の労働を一部の者が無償で利用する点に、その一般的基礎を

有している。資本主義社会の所謂搾取関係は、しかしそれが商品経済的に行われる点にあるわけであるが、それと同時に人間が直接的支配服従関係にあることなくして、しかもその労働の物化せられることになるのであった。労働は、労働力なる商品の消費として実現される。生産手段と共に商品として買入れられた労働力が資本のもとに、その意志に従って消費せられるのである。それは労働者の生産過程としてではなく資本の生産過程として行われる。労働者が労働を提供して、資本家の資本と協力するというような関係ではない。その生産物が資本の生産物としてあらわれ、労働者の一指も触れ得ないものとなるのは当然である。それは資本にとっては物による物の生産にほかならない。

　資本は、社会的な生産過程を全面的に支配するものになっても、労働力を自由に生産し得るものにはならなかった。そこにマルクスの所謂相対的過剰人口による資本主義に特有な人口法則が、これを補うものとして、或いはもっと正しくいえば資本主義経済の基礎としてあらわれる。資本は自ら労働力を生産し得なかったので此の方法によって、その確立の現実的根拠を得たのであった。

　しかし、此の根拠はけっしてその絶対的な根拠ではなかった。恐慌―乃至恐慌の周期的出現はその証拠に外ならなかった。社会主義は実にこういう資本主義に対する肯定的認識の背後のみ科学的には理解せられ得るのである。勿論、実際運動ではそうではない。それは寧ろ思想的に、積極的に主張せられ、又実践的に実現の組織的運動となってあらわれる。科学的社会主義といったからといって、此の組織的運動の一つ一つが科学的に展開されるわけではない。資本主義の一般的理論的分析、その理論による各国資本主義の具体的分析、それは正に科学的に一応は現在のあるものの肯定的理解としてあらわれる外はない。その背後に否定的に理解されるものが、積極的な運動に摂取されるとき始めて理論は実践化されるのである。理論がそのまま実践化されるのではない。資本主義を最初から否定的に、排撃されるべきものとして分析したのでは、正しい科学的分析とはかぎらない。したがって又実践に摂取し得るものとして役立つとはいえない。何人も否定しえない、社会主義者であろうが、なかろうが、好もうが好むまいが認めざるをえない理論、分析、そういうものであってこそ始めて資本主義をも実践的に変革するものに役立つ客観的な理論、分析となり得るのである。

『資本論』は、私は、そういう意味での資本主義の一般的理論であると解している。それに、社会主義の処方箋がないのは当然である。そんなものがあるようでは、社会主義の運動に役立つものにはならない。最近の経済学が社会主義経済を論じているそうであるが、そんなものが、社会主義の実現運動にどれだけ役立っているのであろう。少なくともかかる理論は『資本論』の理論が究明している資本主義経済の根本矛盾、特殊の方法で人間を物にしているという此の点を如何に解しているのであろうか。社会主義というのは、ナチスなどが企てたように物の生産、消費を単に組織的に統制するということにあるのではない。実に、物を物として生産する人間の社会を実現しようとする点にある。人間がその労働を自らの労働として物をつくるという一般的な、自然的な過程を取戻すための運動である。労働力の商品化としての物化からの解放である。同時にそれは人間の手段化、物化、いい換えれば階級社会からの解放である。そしてそれが物の生産、消費を全面的に統制し得るものとする根拠をなすのである。社会主義が商品経済の止揚を目指すということもそこに科学的根拠をあたえられる。

　『資本論』がその資本主義の経済の理論の内に、いわば否定的側面として教える社会主義なるものは、実に此の労働力なる特殊の商品の認識に基づくものである。これは労働があらゆる社会にとってその社会を維持する根本的なるものであるという原則が、資本主義社会ではそれに特有な形態を与えられて、その経済を商品経済として客観的に動く法則によって支配せしめるものとしている点にある。『資本論』が此の点で実に資本主義を根底から分析するものといえる。

　『資本論』がその理論の背後に含蓄する社会主義は、したがって社会主義者としてのマルクスが単にその理想として画いたというものではない。それは正に資本主義経済の科学的分析が与えるものである。資本主義崩壊論が所謂機械的必然性を以てというのもその為であるが、それは又マルクス以後の世界史的経験によって、修正せられなければならぬというようなものでもない。具体的に歴史的にあらわれる社会主義社会の実現は、『資本論』によって分析せられた資本主義社会の矛盾を根本的に解決するものに外ならない。又だからこそ『資本論』の理論による資本主義社会の具体的分析は、社会主義社会の実現の運動にもやくだつのである。吾々は『資本論』が社会主義社会の処方箋をあたえなかっ

たところに、その科学としての意義を認めなければならない。

(宇野弘蔵［1948］3-19頁)

(2)『宇野弘蔵著作集第九巻』の「経済学と唯物史観」

　マルクスが唯物史観を経済学の研究の内に確立し、また経済学の研究によってこれを科学的に確証してゆこうとした点こそ、むしろ彼の方法を特徴づけるものと、いってよいであろう。資本主義に先立つ諸社会の歴史的な発展過程はもちろんのこと、資本主義社会自身の発展、転化の過程も、その法則性は、資本主義経済自身の運動法則を明らかにする経済学の原理の内に、その解明の「鍵」を与えられるのであった。「社会の物質的生産諸力は、その発展がある段階にたっすると、いままでそれがそのなかで動いてきた既存の生産諸関係、あるいはその法的表現にすぎない所有関係と矛盾するようになる云々」の、公式における生産力と生産関係の矛盾も、経済学の原理では、そのままには解明されない。資本主義社会が純粋の形で運動する過程における、矛盾の発現とその解決によるその発展として、具体的にはいわゆる恐慌論によって、資本主義自身の矛盾とその展開として解明されるのである。いいかえれば原理論的にあきらかにされる、矛盾の解決は、直ちに「社会革命の時期」を明らかにするものではない。同じ資本主義社会における生産力と生産関係との矛盾から新たなる生産関係としての、労働者と資本家との関係の展開を明らかにするにすぎない。そこにまた原理的解明が自然科学における法則的解明と同じような側面を、いわば決定論的必然性の一面を示すのである。それは「社会革命の時期」のように特定の生産関係から他の特定の生産関係への変革のような、歴史的に特殊な個別性をもって展開される過程を直ちに解明するものとしてではないのである。

　むしろ経済学は、一般的な歴史的発展の法則を、一歴史的社会としての資本主義の経済的運動法則として、明らかにするというところに、その歴史の科学的解明に対する特殊な地位が与えられているのである。われわれは、資本主義社会の社会主義社会への転化を、何か客体の運動のような自然必然性をもって推論することはできない。経済学として当然のことであるが、人間の社会的行動の必然的結果として解明されるとき、始めて資本主義の社会主義への転化の必然性もその社会科学的基礎を明らかにされるのである。

マルクス唯物史観を科学的に確証するためにその第一歩として経済学の研究を企て、しかもその基本的原理の究明を『資本論』として確立したということは、歴史的過程の科学的解明の内に、社会主義の実現の基礎を明らかにしようとしたといってよいのであるが、それはまた資本主義社会自身が歴史的諸社会の発展の最高の産物として、その科学的究明が一般に歴史的過程の科学的究明の途を開くと同時に、従来の盲目的な歴史的発展の過程を人間の自主的な歴史的過程に転化せしめる基礎をなすからであった。　　　　　　　　　（宇野弘蔵［1962］99－108頁）。

「経済学と唯物史観―経済学方法論覚え書」
　一般的な歴史観としてのいわゆる唯物史観の公式は、こういう特殊規定として与えられてはいない。また実際、経済学の原理論は、一応はそういう社会的な、歴史的な発展転化の規定とは分離せられることになる。経済学が、この自立的な商品経済の社会の発展を基礎にして純粋の資本主義を想定し、その内に資本家的商品経済に特有な法則を明らかにするということは、唯物史観の歴史的発展転化の過程に対する規定とは一応は分離した原理を確立しながら、実はその背後に唯物史観を基礎づける経済過程の自立性を明らかにしているといえるのである。
　マルクス唯物史観を科学的に基礎づけるものとして経済学の理論の確立を企てたということは、その歴史観の偉大さと深遠さを示すものと、私は思っている。経済学の原理論が純化されて、完結性をもった体系として確立され、それに対して資本主義の発生、発展、没落の各時期が段階論的に解明されるとき、初めて唯物史観の科学的基礎づけの道がひらかれる。しかも、原理論の体系は、一応は唯物史観と分離するかの如き外形をとらなければならないのである。いわゆる下部構造としての経済過程が、自立的過程をなすという、唯物史観の基本規定はむしろ資本主義社会を規制する商品経済の法則性を通して論証されなければならないのであるが、それは純粋の資本主義社会を想定してなされなければならないので、上部構造とのいわゆる相互作用ばかりでなく、旧社会関係との対立的関係によっても規定される資本主義の具体的発展過程は、それによって直ちに解明されることにはならないからである。

　　　　　　　　　　　　　　　（宇野弘蔵［1959］371,384－385頁）

3 『マルクスの思想と理論』

　エンゲルスは、『空想から科学へ』(1882)において、この唯物史観と資本による剰余価値生産の秘密の解明とを、マルクスによる二つの「偉大な発見」とよび、これらの発見によって「社会主義は科学になった」と述べている。たしかにわれわれが、生活している資本主義のしくみが、人類史のなかでどのような意義と特徴をもっているか、学問的に正確な理解がえられなければ、それをのりこえようとする社会主義の主張と運動も科学的論拠をもつことができないことになる。人類史の総括としての唯物史観を導きの糸として、剰余価値生産の理論的解明をすすめ、それによってブルジョア的生産様式の特殊な階級社会としての運動機構に体系的な社会科学としての考察をすすめたマルクスの主著『資本論』は、社会主義に科学的論拠を与える役割を果たしている。その意味でマルクスによる社会主義は科学的社会主義と特徴づけられてよい。(本文の「人類史の総括」とは、伊藤誠の著作『経済学からなにを学ぶか』(2015年、平凡社、187頁)及び、『マルクス経済学の方法と現代世界』(2016年、桜井書店)において「唯物史観は人類史の総括であるだけに、膨大な人類史の全体との関係において多かれ少なかれ仮説的な史観としての性質を認めざるをえない」(37頁)を論拠としすでに考察されている。)

　マルクスの唯物史観は、あらためて人類史の歩みを現実的な経済生活における生産諸力の発展とそれに対応する生産諸関係の変革にもとづく階級諸社会の交代の過程として総括し、あわせて、身分制社会を解体した近代ブルジョア社会も、なお最後の階級社会とみなし、そこでの賃金労働者の階級の真の自由も平等も実現してはいないことを批判的に明示し、その階級に階級社会の歴史としての「人類前史」をのりこえ、社会主義ないし協同社会を実現する役割を期待する観点を提示している。その歴史観の特徴は、マルクスに先立つ初期(空想的)社会主義者の歴史観とも大きく異なっている。たとえばサンシモン(1823-24)によれば、人類史は原始的偶像崇拝の時代から奴隷制に対応する多神教の時代、封建的身分制に対応するキリスト教の時代を経て、一五世紀から科学的世界観と学者、産業者の台頭をみたが、無組織状態の危機をまねき「人みな兄弟」となる協同社会が求められつつある。これにたいし、マルクスの唯物史観は、社会の上部構造をなす社会的意識形態やそれにもとづく政治的、法律的諸関係は、それ自身で動くものではなく、それらの土台

をなす経済的機構における物質的生産諸力とそれに対応する生産諸関係の動向に左右され、規制されることを客観的に重視している。その意味では、唯物史観は、その形成過程においても、社会の土台としての経済機構が、社会の上部構造としての政治的・法律的諸関係にたいし、相対的に自立した動向を明確に示すようになる近代資本主義社会のしくみとその考察をすすめた古典派経済学の批判的研究を重要な基礎としていた。いわば社会科学としての経済学の客観的認識にもとづく歴史観をなしていた。それに依拠したマルクスの社会主義も、また社会科学に基礎をおく科学的変革思想としての特質を志向していたといえよう。

そのさい、やがて『資本論』の経済学に結実してゆく社会科学としての経済学は、社会の上部構造としての社会的意識形態をなす、イデオロギーの諸形態とは区別され、経済的土台と上部構造との関連をふくむ資本主義社会のしくみと動態を学問的に客観的な認識の体系として解明する課題を追求するものと考えるべきであろう。唯物史観は、そのような意味で、経済学の研究に「導きの糸」として役立つとともに、資本主義社会の経済機構を対象とする経済学の研究に基礎をおく史観となる相補的関係におかれている。その定式に示されている、上部構造としての社会的意識が経済構造の土台により制約され規定される関係（いわば存在被拘束性の認識）は、人間に特有な潜在的自由な主体性を重視するヒューマニズムの発想と整合しないようにも思われる。しかし、「人間の意識がその存在を規定するのではなくて、逆に、人間の社会的存在がその意識を規定する」ことを、人類史的社会関係の変化の重要な一面として認識することが、また生産諸力に応じ、生産諸関係を変革してゆく人びとの潜勢力の可能性とあわせて重視されているところに、むしろマルクスに特有な奥の深い人間主義が読みとれるのではなかろうか。

唯物史観としての人類史の総括は、四段階の経済的社会構成の発展をつうじ、近代ブルジョア的生産様式をもって、敵対的階級社会の歴史としての人類社会の前史はおわりをつげるとしめくくっている。これも碑文として人びとの心に刻まれて、忘れがたい印象と衝撃を与え続けているマルクスの名文のひとつであろう。それは書かれていない文意として、社会の大多数の労働者が、階級社会のもとで、歴史形成の主体としては疎外され続け、本格的に参加していない状態をのりこえて、歴史社会の主人公として、創造的な潜勢力を発揮しうる人類史の本史がこれからひ

らかれるという雄大な展望を読者に印象的に読み取らせているからである。近代以降の資本主義社会において、なぜ階級社会の歴史としての人類前史は終わらせることができるのか。さしあたり、その社会の胎内で発展しつつある生産諸力が、敵対的階級社会の解決のための物質的諸条件をつくりだすと指摘されている。それとあわせて、階級社会の発展をつうじ、働く人びとの多くが、生産諸力の高度化に応じた生産諸関係のもとで、しだいに自由な活動主体としてふるまえる余地を拡大し、その潜勢力を拡充してきたことも補足して理解されてよいであろう。ことに近代資本主義は、人間社会として、自由、平等、人権を理念としてかかげて、身分制社会を解体してきているかぎり、その実質的内容に階級社会の一種としての労働者大衆の経済的搾取や支配抑圧をもたらしやすくしている矛盾をのりこえ、すべての人びとが真に自由な社会の主体となる民主主義の徹底が働く人びととの重要な社会的課題となることも、理解しやすいところがあるのではなかろうか。(伊藤誠［2020］54-64頁)

　総じて、唯物史観について「科学的史観」(伊藤誠［2024］『資本主義の多重危機』岩波書店、22頁)とまで規定する。

あとがき

　これまで、『労働過程論の研究―疎外労働からの超克を求めて』から『護憲論Ⅱ［補訂版］武力による平和から非武装永世中立による平和へ』を上梓してきた。いずれも社会科学としての経済学の『資本論』を基礎理論にすえて、法律学や憲法学の造詣を深め研鑽を積み上げてきたつもりであった。社会科学としての経済学や法律学、憲法学の研究の方法は、かなり抽象的となるが、人間がまず社会的存在であることを共通に認識することが肝要であろう。そしてそのうえで、社会的な歴史的存在として、人間が人間らしく社会的生活を営むうえで歴史的行為を通じて発展したことを基底にすえて、自身の問題構制に対して学問的精度を高めながら真理を追究することにある。
　もちろん、私自身、社会科学とはいえ『資本論』の経済学から疎遠になったことなどなく、時として『資本論』に立ち返っては諸章と行間に込められた科学的な論究に魅了されては納得し惜しみなく小さな眼孔の広がりとすることが慣習となり、研究のための論拠としていたものである。マルクスによる幾星霜を重ねた『資本論』の通巻にわたる構成上の各編各章においていかなる文脈で権利に関する概念を取り扱い、どのように権利を意義づけていたのか探究心にかられ続けていたのであった。そもそも、専門の研究分野である労働論、労働過程論の背景には働く人々の勤労権や労働基本権、総じて基本的人権のなかの社会権が大きな役割を果たしていたことにやっと気づいたのだった。労働基本権の淵源を探求しているうちに、階級的労働組合に対して1980年代の新自由主義的政策が国家戦略として強行された。それはまさしく、国家的不当労働行為、解雇権濫用法理の発動によって労働組合を弱体化せしめ、それと相まって労働法の規制緩和により、いまだに非正規雇用の増大と長時間労働、過度労働をもたらし続けている。いまやその副作用によって階級的労働組合の組織率が低迷する一方となり、概して労働基本権から目をそらす御用組合は、階級意識を冒涜しつつ日本資本主義の再生と市場経済の再活性化を助長し政財界と共に憲法の体制内化を目的とした国策を推進している現今である。
　こうした国策によって、働く人々の権利意識は、疎遠となり憲法が資本主義のうちに体制内化しているがために労働者が労働基本権を行使できずにいる。それはまた、労働組合運動もそうであったが社会運動や裁

判闘争を通じてみれば、新自由主義的政策の副作用が表面化してきていて、強大な国家権力と資本からの弾圧と抑圧が現われ出し、労働基本権が衰退化している事実を露呈してきたのであった。労働組合の弱体化とあわせて、零落してきたのであった。そして、その零落する過程を劇的に直視したのである。これら国家権力からの弾圧と抑圧は、もはや日本資本主義社会が限界に達し、多重危機にあることの証左でもある。資本主義の危機と不安定な階級関係が重層化しているからこそ、民衆を取り込み体制内化を強化し、国家権力は、よりいっそう強大で強力な装置をもって支配を強めるものである。

　私の問題構制である労働基本権が衰退化している事実とは反対に、発展する権利を深く考察したのである。憲法で保障された権利は、資本主義と相対化するときに、すなわち概して労使対立や、労働運動、裁判闘争の過程を通じ生成、発展、爛熟するものである。そしてそれは国家権力の3分割によって、国民のための権利を堅持し保障しなければならないものであると、立ち返ることなく私なりに定立し肯定的に考えてきたのであった。

　だが、どうであろう。権利とは、発展する前に一度後退するのではなかろうかという考えに陥った。そう考えなおし修正する必要に迫られ思考過程が屈折しはじめたのだ。あらゆる権利は、発展の前の後退があると考え直したすえ、アンチ・テーゼを呈することなった。実践的活動や労働組合運動、そして社会運動は、対立する資本主義に対し一度は後退してから発展する。それぞれの社会的運動や組織的活動も後退なくして発展はないと考え直すものである。もっぱら、一度後退することは対立する資本主義にかぎってのことでもない。自身の研究や執筆も雄勁な筆致とはならず、やはり後退につぐ後退、奈落の底までの挫折。やっと少しずつ前に進んでいるような感覚に巻き込まれている日々である。あらゆる社会形態の発展過程もまた同様である。それは、ちょうど系統発生が個体発生にいたる過程では、自然条件に繰り返し左右されながら一定の後退によって進化発展してきたのである。つまり、権利の発展過程では、ある一定の条件をもとにして後退を余儀なくされるのである。

　このことは、また人間自身、成長の前には必ず後退がなければ瑞々しい人格などは形成しやしないし、将来にいたる希望や期待、つとに専念し他者以上にかなりの努力を積み重ねたところで平坦に脳の神経細胞が増殖するだけとなる。自身の思考と人間の幅と奥行きとが火を見るより

あきらかに成長発展するようなことはなかろう。化石人類からホモ・サピエンスにいたる用不用の後退と進化の過程は、人間労働の通史であったといってよい。労働を通じた歴史的発展は、労働と自然との物質代謝を媒介にして目的をもって対象に働きかけることで、脳の機能局在が発現する知性や理性、信念、創造性による創造力、判断力、洞察力の泉が歴史的進化を遂げる過程においてまず第一に、随意運動が出発点となっている。ついでこの過程を基礎にした労働過程では、人間の労働力を発現しつつ常に対象に働きかけまた働きかけあうことを反復しながら自己対象化を繰り返し、産出したものを批判的に分析しては後退をともないながら、また進む。こうした労働とあわせて身体の生理的機能とともに進化発展し着々と労働の社会的性格にもとづいた社会的行為を存続してゆき自己の意思やアイデンティティーを決定づける前頭極が高度に成長し形成されてきたのであった。

　動学的には発展の前の後退のときこそ、運動の流れにおしもどされたときこそ、矛盾の渦中のときにこそ新しい権利が形成する礎石となり、土壌となり、したがって、社会的に適用させるための権利へと進む後退のための停滞がある。こうした停滞のうちに批判的精神と批判的知力、自己をも批判する社会的諸要素の多くを吸収し集約して、そして余力として備え蓄える作用としてこれまでの権利の内実を理解し深化させるのである。こうした後退のときこそがまた前進的発展の契機となりうる。そのうえで対立や闘争のうえに築きあげられた権利が労働・生存条件や社会的条件を引き上げるための方法となって、諸国民が自らを他の者として、世のため人のために、普遍的に適用する通用力を体現するための発展の前の後退が条件となることがつぎのことを伴っている。すなわち、矛盾、後退、発展という発展的権利の3つの条件が発展のための諸条件なのである。

　総じて、こうした一連の過程を通じて人間の実践的行動力と活動的行動様式を確固たるものとするならば、確実に定立している諸国民の権利はなんら揺らぐことなく、わがものとした制定権を掌握しつつ、後退したのちの幅のある彫琢された発展的権利として、この社会に体現されるのである。

　本書を上梓するにあたり、関東図書の小川雅彦氏には、数々の助言を賜り、誠に感謝申しあげる次第である。

【著者略歴】

子島　喜久（ねじま・よしひさ）

1963年　埼玉県生まれ
2012年　埼玉大学大学院経済科学研究科博士前期課程修了
　　　　専門・労働論、労働過程論
主　著　『労働過程論の研究―疎外労働からの超克を求めて』2012年　関東図書
　　　　『護憲論―憲法学の方法・国民統制による文民統制』2015年　関東図書
　　　　『国鉄闘争の展開と労働者の道―プロレタリア国際主義』2020年　関東図書
　　　　『護憲論Ⅱ』2023年　関東図書
　　　　『護憲論Ⅱ[補訂版]武力による平和から非武装永世中立による平和へ』2023年
　　　　関東図書

マルクスの権利と世界　　KANTO TOSHO BOOKLET ①

2024年12月4日　初版第1刷発行

著　　者　子島　喜久
発　行　所　関東図書株式会社
　　　　　〒336-0021 さいたま市南区別所3-1-10
　　　　　電話 048-862-2901　URL https://kanto-t.jp/
印刷・製本　関東図書株式会社

Ⓒ Yoshihisa Nejima 2024
ISBN978-4-86536-126-1　Printed in Japan

●本書の無断複写は、著作権法上の例外を除き、禁じられています。
●乱丁本・落丁本はお取替えいたします。